행복한 삶을 위한

부처님 말씀 1

이 철 헌 엮음

책을 내면서

모든 사람은 행복을 바랍니다. 종교를 믿든 안 믿든 어떤 종교를 믿든 우리 모두는 행복을 향해 나아가고 있습니다.

부처님께서 말씀하신 최고의 행복은 윤회에서 벗어나는 열반이지만 재가 신자들이 바라는 행복은 이 세상에서 얻을 수 있는 재물과 명예와 사랑과 건강입니다. 부처님께서도 재가 신자들에게 이러한 현실적인 행복을 얻고 잘 지녀야 한다고 말씀하셨습니다. 그리고 행복은 밖에서 얻거나 누군가 주는 것이 아니고 세상의 진리에 따라 자기 몸과 마음으로 스스로 만들어가는 것이라고 했습니다. 그러므로 행복하기 위해서는 부처님께서 알려주신 세상의 진리를 먼저 알아야 합니다. 부처님과 가르침과 승가를 믿는 불교 신자라면 부처님의 가르침을 배우고, 가르침에 따라 실천을 해야 합니다.

지난 이십여 년 동안 동국대학교 경주캠퍼스와 여러 불교교양대학에서 강의한 내용을 정리하여 『붓다의 근본 가르침』(아름원)과 『대승불교의 가르침』(아름원)을 발행했는데 각 16쇄를 찍는 호응을 얻었습니다. 일반인들이 부처님의 가르침을 배우기 위해서는 이 두 권의 책을 읽으면 된다고 생각합니다.

그러나 불교 신자는 부처님의 가르침을 아는 것으로 끝나지 않고, 가르침을 실천해야 합니다. 원효대사는 '아는 것과 실천하는 것은 수레의 두 바퀴와 같다.'고 했습니다. 두 바퀴가 있어야 수레가 나아갈 수 있듯 앎과 실천이 있어야 행복으로 나아갈 수 있습니다.

우리가 행복을 향해 열심히 나아가고자 노력하지만 때로는 삶에 지치고 힘들어 좌절하고 포기하고자 할 때가 있습니다. 한 치 앞도 보이지 않는 어둠 속에서 등불이 되고, 어렵고 고통스러울 때 용기와 희망을 주는 것은 부처님 말씀입니다.

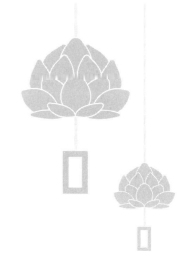

부처님의 말씀은 팔만대장경이라 부를 만큼 많은 불교 경전에 담겨있습니다. 그러나 부처님께서 직접 말씀하신 내용을 담은 것은 빨리어로 전해오는 초기 경전이라 할 수 있습니다. 저는 매일 아침 초기 경전을 읽으면서 재가 신자들이 행복하기 위해 꼭 알았으면 좋겠다는 부처님 말씀을 가려보았습니다. 출가자를 위한 내용과 전문적인 수행과 교리는 제외하고 일상생활을 살아가는 재가 신자들 마음에 와닿는 부처님 말씀을 중심으로 모으고자 했습니다. 그리하여 최초 경전인 『숫따니빠따』와 네 니까야 가운데 재가 신자들에게 꼭 필요한 내용을 가려 뽑아 한 권으로 엮었습니다.

저는 빨리어를 잘 알지 못해 원전을 직접 번역할 수는 없습니다. 그러나 국내에도 빨리어에 능숙한 학자들이 많고 이분들이 거의 모든 초기 경전을 번역했습니다. 저는 이분들이 애써 번역한 책들을 서로 맞춰보면서 뜻을 해치지 않는 범위 안에서 문장을 구어체로 바꾸고 글을 다듬었을 뿐입니다. 그리고 모든 사람이 편하게 읽을 수 있도록 큰 글씨로 엮었습니다.

경전은 눈으로 보기보다는 입으로 소리 내어 읽어야 합니다. 소리 내어 읽으면 보이지 않던 것이 보이고 빨리 이해할 수 있습니다. 이 한 권의 책이 행복을 찾는 여러분에게 많은 도움이 되기를 바랍니다.

불기 2566년(2022) 5월

농우정(聾牛亭)에서 이 철 헌

차례

엮은이

이 철 헌 (李哲憲)

1958년 경남 밀양에서 태어나 부산에서 초량초·동성중·브니엘고를 다녔다.

1984년 경희대학교 경영학과를 졸업하고 동국대학교 일반대학원 불교학과에서
석사·박사과정을 수료했다.

1996년 「나옹혜근의 연구」로 철학박사학위를 받았다.

저서 「붓다의 근본 가르침」, 「대승불교의 가르침」, 「갈등치유론」(공저)이 있다.

논문 「삼화상의 법계」, 「사명당 유정의 명(名)·자(字)·호(號)」, 「초기불교의
생태관」등 다수가 있다.

번역서 「문수사리보살최상승무생계경」(공역)이 있다.

현재 동국대학교 경주캠퍼스 파라미타칼리지 조교수

참고도서

각묵스님, 『디가니까야』(전3권), 초기불전연구원, 2005
대림스님, 『맛지마니까야』(전4권), 초기불전연구원, 2012
각묵스님, 『상윳따니까야』(전6권), 초기불전연구원, 2009
대림스님, 『앙굿따라니까야』(전6권), 초기불전연구원, 2006
법정스님, 『숫타니파타』, 이레, 2007
전재성, 『디가니까야』, 한국빠알리성전협회, 2011
전재성, 『맛지마니까야』, 한국빠알리성전협회, 2009
전재성, 『쌍윳따니까야』, 한국빠알리성전협회, 2014
전재성, 『앙굿따라니까야』, 한국빠알리성전협회, 2018
전재성, 『숫타니파타』, 한국빠알리성전협회, 2008
테라와다 상가, 『법요집』, 2013

행복한 삶을 위한

부처님 말씀 1

자애경(Mettā Sutta) – 『숫따니빠따』(1:8)

1 남을 이롭게 하는 일에 능숙하고
   평온한 경지를 얻고자 하는 사람은
   유능하고 정직하고 고결하고 상냥하고
   온유하고 교만하지 않아야 한다

2 만족할 줄 알아서 남이 공양하기 쉽고
   분주하지 않고 간소하게 살며
   감각기관을 고요히 하고 슬기롭고 예의 바르며
   신중하고 욕심내지 않아야 한다

3 현명한 이에게 비난받을 만한
   사소한 허물도 삼가니
   안락하고 평화로워서
   이 세상 모든 존재가 행복하기를

4 살아있는 생명이면
   약하거나 강하거나
   길거나 크거나
   중간이거나 짧거나
   가늘거나 두껍거나

5 보이거나 보이지 않거나
   가까이 있거나 멀리 있거나

태어났거나 태어날 것이나
이 세상 모든 존재가 행복하기를

6 서로 속이지 않고, 어디서나 다른 이를 경멸하지 않으며
성냄과 미움으로 다른 이의 고통을 바라지 않는다

7 어머니가 외아들을 목숨 바쳐 보호하듯
이 세상의 모든 존재를 향해
한량없는 자애의 마음을 닦아야 한다

8 온 세상 위로 아래로 옆으로
장애도 원한도 적의도 없이
한량없는 자애의 마음을 닦아야 한다

9 서거나 걷거나 앉거나 눕거나
깨어있는 동안 언제 어디서나
자애의 마음을 굳게 가져야 한다
이것이야말로 가장 훌륭한 삶이다

10 삿된 견해에 매이지 않고
계율을 지키고 지혜를 갖추어
감각적 욕망을 다스리는 수행자는
다시 인간의 태에 들어가지 않는다

보배경(Ratana Sutta) – 『숫따니빠따』(2:1)

1 땅에 있거나 하늘에 있거나, 모든 존재는 다들 기뻐하라
   그리고 마음을 가다듬고 내 말을 들어라

2 모든 존재는 귀 기울이라
   밤낮으로 제물을 바치는 이에게 자비를 베풀라
   함부로 대하지 말고 그를 보호하라

3 이 세상과 저세상의 어떤 보물도
   하늘나라의 값진 보배로도 여래에 견줄 것은 없다
   부처님에게 으뜸가는 보배가 있으니
   이러한 진리로 모두 행복하기를

4 석가족의 성자가 삼매에서 얻은
   번뇌 · 욕망 · 죽음이 없는 경지와 견줄 것은 없다
   가르침 안에 으뜸가는 보배가 있으니
   이러한 진리로 모두 행복하기를

5 부처님께서 찬탄하신 고요한 삼매는
   곧바로 결실을 가져오니 이와 견줄 것은 없다
   가르침 안에 으뜸가는 보배가 있으니
   이러한 진리로 모두 행복하기를

6 네 쌍으로 여덟 단계에 있는 이들은

참사람으로 칭찬받는다
여래의 제자로서 공양받을 만하며
그에게 보시하면 크나큰 과보를 받는다
승가 안에 으뜸가는 보배가 있으니
이러한 진리로 모두 행복하기를

7   확고한 마음으로 감각적 욕망을 버리고
고따마의 가르침을 따르는 이는
죽음이 없는 곳에 들어가고
도달해야 할 경지에 이르며 열반의 고요를 즐긴다
승가 안에 으뜸가는 보배가 있으니
이러한 진리로 모두 행복하기를

8   땅속 깊이 박힌 기둥은 사방의 바람에 흔들리지 않듯
거룩한 진리를 분명히 보는 성인들은 흔들리지 않는다
승가 안에 으뜸가는 보배가 있으니
이러한 진리로 모두 행복하기를

9   깊은 지혜를 가진 님께서 말씀하신
거룩한 진리를 분명히 아는 이는
아무리 커다란 잘못을 저질렀어도
여덟 번째 잉태는 받지 않는다
승가 안에 으뜸가는 보배가 있으니
이러한 진리로 모두 행복하기를

10 지혜를 얻으면 세 가지 삿된 견해가 사라지니
자신이 실제로 존재한다는 견해, 가르침에 대한 의심,
의례에 대한 집착이다
그는 네 가지 나쁜 곳을 벗어나고
여섯 가지 큰 죄를 짓지 않는다
승가 안에 으뜸가는 보배가 있으니
이러한 진리로 모두 행복하기를

11 몸과 말과 마음으로 저지른 사소한 잘못이라도
진리의 길을 본 사람은 감출 수 없다
승가 안에 으뜸가는 보배가 있으니
이러한 진리로 모두 행복하기를

12 여름 첫더위가 숲속 나뭇가지에 꽃을 피우듯
깨달은 님은 최상의 행복인 열반에 이르는 길로 이끈다
부처님에게 으뜸가는 보배가 있으니
이러한 진리로 모두 행복하기를

13 더없는 것을 알고, 더없는 것을 주고, 더없는 것을 가져오는
더없는 님께서 더없는 가르침을 말씀하셨다
부처님에게 으뜸가는 보배가 있으니
이러한 진리로 모두 행복하기를

14 옛 업은 이미 다했고 새 업은 짓지 않으며
마음은 미래의 생존에 집착하지 않고

번뇌의 씨앗을 없애고 성장을 원치 않으니
지혜로운 이들은 등불처럼 꺼져서 열반에 든다
승가 안에 으뜸가는 보배가 있으니
이러한 진리로 모두 행복하기를

15 신과 인간이 다 같이 존경하는 여래,
부처님께 예경하오니
여기 모인 존재들이여
땅에 있든 하늘에 있든 모두 행복하기를

16 신과 인간이 다 같이 존경하는 여래,
가르침에 예경하오니
여기 모인 존재들이여
땅에 있든 하늘에 있든 모두 행복하기를

17 신과 인간이 다 같이 존경하는 여래,
승가에 예경하오니
여기 모인 존재들이여
땅에 있든 하늘에 있든 모두 행복하기를

행복경(Maṅgala Sutta) - 『숫따니빠따』(2:4)

1 이와 같이 나는 들었습니다. 한때 세존께서 싸왓티의 제따숲 아나타삔디까 사원에 계셨다.

2 한밤중에 하늘사람들이 아름다운 모습으로 제따숲을 환하게 비추며 세존을 찾아왔다. 하늘사람들은 세존께 다가와 절을 올리고 한 곁에 서서 세존께 시로 여쭈었다.

3 많은 하늘사람들과 인간들이 행복을 바라니
더없는 행복을 말씀해 주십시오

4 어리석은 이와 어울리지 말고 지혜로운 이와 가까이하며
존경할 만한 분을 존경하는 이것이 더없는 행복이다

5 분수에 맞는 곳에 살고 일찍이 공덕을 쌓고
스스로 바른 서원을 세우는 이것이 더없는 행복이다

6 많이 배우고 좋은 솜씨를 익히고 계를 잘 지키며
의미 있는 대화를 나누는 이것이 더없는 행복이다

7 공손히 부모님을 섬기고 아내와 자식을 돌보며
일하면서 혼란스럽지 않는 이것이 더없는 행복이다

8 남에게 베풀고 바르게 살고 친지를 보살피고
비난받지 않는 행동을 하는 이것이 더없는 행복이다

9 나쁜 짓을 삼가고 멀리하고 술을 절제하고
　　가르침에 게으르지 않는 이것이 더없는 행복이다

10 공손하고 겸손하고 만족하고 감사하고
　　때에 맞춰 가르침을 듣는 이것이 더없는 행복이다

11 인내하고 온화하고 수행자를 만나고
　　가르침을 나누는 이것이 더없는 행복이다

12 감각기관을 잘 지키고 청정하게 살고 거룩한 진리를 관찰하고
　　열반을 이루는 이것이 더없는 행복이다

13 세상일에 부딪혀도 마음이 흔들리지 않고 슬퍼하지 않고
　　번뇌 없이 평온한 이것이 더없는 행복이다

14 이런 일을 한다면 어디서나 실패하지 않고
　　어디서나 행복을 얻으니 이것이 더없는 행복이다

파멸경(Parābhava Sutta) – 『숫따니빠따』(1:6)

1 이와 같이 나는 들었습니다. 한때 세존께서 싸왓티의 제따숲 아나타삔디까 사원에 계셨다.

2 그때 어떤 하늘사람이 깊은 밤중에 아름다운 빛으로 제따숲

을 두루 밝히며 세존께서 계신 곳으로 찾아왔다. 가까이 다가와서 세존께 절을 올리고 한 곁으로 물러섰다. 하늘사람은 세존께 시로 여쭈었다.

3 저희는 파멸하는 사람에 대해서 고따마께 여쭙고자 합니다
   파멸에 이르는 문은 어떤 것입니까?
   세존께 그것을 묻고자 찾아왔습니다

4 번영하는 사람도 알아보기 쉽고
   파멸하는 사람도 알아보기 쉽다
   가르침을 좋아하는 사람은 번영하고
   가르침을 싫어하는 사람은 파멸한다

5 참사람이 아닌 사람을 사랑하고
   참사람을 사랑하지 않으며
   나쁜 사람이 하는 일을 즐기면
   이것이 파멸의 문이다

6 수면에 빠지는 버릇이 있고
   교제를 즐기는 버릇이 있고
   정진하지 않고 나태하며 화를 잘 낸다면
   이것이 파멸의 문이다

7 자기는 풍족하게 살면서도
   늙어 젊음을 잃은 부모를 돌보지 않는다면

이것이 파멸의 문이다

8 성직자나 사문 또는 걸식하는 이를 거짓말로 속인다면
   이것이 파멸의 문이다

9 엄청나게 많은 재물과 황금과 먹을 것이 있는 사람이
   혼자서 맛있는 것을 먹는다면
   이것이 파멸의 문이다

10 혈통에 자부심이 강하고 재산을 자랑하며
    가문을 뽐내고 자기 친지를 멸시하는 사람이 있다면
    이것이 파멸의 문이다

11 여자에 미치고 술에 중독되고 도박에 빠져
    버는 대로 없애버리는 사람이 있다면
    이것이 파멸의 문이다

12 자기 아내로 만족하지 않고 매춘부와 놀아나고
    남의 아내와 어울린다면
    이것이 파멸의 문이다

13 젊은 시절을 지난 남자가
    띰바루열매 같은 가슴의 젊은 여인에게 미쳐
    그녀를 질투하는 일로 잠 못 이룬다면
    이것이 파멸의 문이다

14 술에 취하고 재물을 낭비하는 여자나
그와 같은 남자에게 실권을 맡긴다면
이것이 파멸의 문이다

15 왕족의 집안에 태어나더라도
권세는 작은데 욕망만 커서
이 세상에서 왕위를 얻고자 한다면
이것이 파멸의 문이다

16 세상에는 이런 파멸이 있다는 것을 스스로 깨달은
고귀하고 현명한 사람은
지혜를 갖추고 잘 살펴서 행복의 세계에 이른다

아따나띠야경(Āṭānāṭiya Sutta) - 『디가니까야』 32

1 이와 같이 나는 들었습니다. 한때 세존께서 라자가하의 깃자꾸따산에 계셨다. 그때 사대천왕들이 많은 무리를 이끌고 세존께 다가와 절을 올린 뒤 한 곁에 앉았다.

2 웻사와나 대천왕이 세존의 허락을 받고 비구·비구니·우바새·우바이를 위해 아따나띠야 보호주를 읊었다.

3 눈을 가지셨고 길상을 가지신 위빳시 부처님께 귀의하기를
모든 존재를 연민하시는 시키 부처님께 귀의하기를

4 씻으신 분이요 고행자이신 웻가부 부처님께 귀의하기를
   악마의 군대를 쳐부순 까꾸산다 부처님께 귀의하기를

5 바라문으로서 청정범행을 닦은 꼬나가마나 부처님께 귀의하
   기를
   모든 오염에서 해탈하신 깟사빠 부처님께 귀의하기를

6 샤꺄족의 아들로 길상을 가지셨고 진리를 말씀하셨고
   모든 괴로움을 몰아내신 샤꺄무니 부처님께 귀의하기를

7 세상에서 완전한 평화를 얻었으며
   있는 그대로 사실대로 통찰했으니
   그분들은 두 말을 하지 않고 위대하고 오염이 없으시다

8 신과 인간들에게 이익을 주시고
   지혜와 복덕을 갖추셨으며
   위대하고 오염이 없으신 고따마 부처님께 귀의하기를

9 일곱 부처님과 스스로 깨달은 많은 분들
   모든 부처님은 비할 데 없는 분이며 큰 위력을 지니셨다

10 모든 부처님은 열 가지 힘과 두려움 없는 지혜를 갖추셨고
   뛰어나고 위 없는 깨달음을 드러내셨다

11 그분들은 팔부대중에게 두려움 없이 사자후를 하셨고
   이 세상에 멈추지 않는 진리의 수레바퀴를 굴리셨다

12 모든 스승은 부처님의 열여덟 특상과
서른 두 상호와 여든 종호를 지니셨다

13 모든 부처님은 빛나는 광명을 내뿜으시고
모든 것을 아는 분이시고
모든 번뇌를 완전히 끊어버린 승리자시다

14 무한한 광명과 더없는 위력, 큰 지혜와 큰 힘
큰 연민과 흔들리지 않는 마음의 안정을 지니시고
모든 존재를 행복으로 이끄신다

15 중생들의 섬 · 의지처 · 발판 · 보호자 · 안식처 · 목적지 · 친
족 · 구원자 · 귀의처며 모든 존재의 행복을 바라신다

16 모든 부처님은 신과 인간의 의지처니
더없는 분들의 발아래 머리 숙여 예경합니다

17 눕거나 앉거나 서거나 걷거나 언제나
말과 마음으로 여래께 예경합니다

18 행복의 수호자이신 부처님께서 언제나 행복을 수호하기를
부처님의 수호 아래 모든 두려움에서 벗어나기를

19 모든 질병에서 벗어나기를, 모든 고뇌가 사라지기를
모든 적의에서 벗어나기를, 열반에 이르기를

20 부처님의 진실·지계·인욕·자애의 힘으로
부처님께서 우리의 건강과 행복을 수호하기를

21 큰 위력을 지닌 동쪽의 간답바가 있으니
그분들이 우리의 건강과 행복을 수호하기를

22 큰 위력을 지닌 남쪽의 꿈반다가 있으니
그분들이 우리의 건강과 행복을 수호하기를

23 큰 위력을 지닌 서쪽의 용이 있으니
그분들이 우리의 건강과 행복을 수호하기를

24 큰 위력을 지닌 북쪽의 야차가 있으니
그분들이 우리의 건강과 행복을 수호하기를

25 동쪽의 다따랏타 천왕, 남쪽의 위룰하까 천왕,
서쪽의 위루빡카 천왕, 북쪽의 꾸웨라 천왕

26 사대천왕은 영광스러운 세상의 수호자니
그분들이 우리 건강과 행복을 수호하기를

27 하늘과 땅에 큰 위력을 지닌 신과 용들이 있으니
그분들이 우리의 건강과 행복을 수호하기를

28 부처님 가르침에 머무는 큰 위력을 가진 신들이 있으니
그분들이 우리의 건강과 행복을 수호하기를

29 모든 재난에서 벗어나기를, 슬픔과 질병이 사라지기를
　　장애가 없기를, 행복하게 오래 살기를

30 예의 바르고 어른을 항상 공경하는 이는
　　수명 · 아름다움 · 행복 · 건강 네 가지가 늘어난다

깃발경(Dhajagga Sutta) – 『쌍윳따니까야』(11:3)

1　이와 같이 나는 들었습니다. 한때 세존께서 싸왓티의 제따숲 아나타삔디까 사원에 계셨다. 그때 세존께서 "비구들이여"하고 비구들을 부르셨다. 비구들은 "세존이시여"하고 대답했다. 세존께서 말씀하셨다.

2　"비구들이여, 옛날 하늘신과 아수라들 사이에 전쟁이 있었다. 비구들이여, 그때 하늘신의 왕 삭까가 삼십삼천의 하늘신들에게 말했다. '존자들이여, 전쟁 중에 두려움과 몸이 떨리고 소름 돋으면 내 깃발을 보시오. 내 깃발을 보면 두려움과 몸이 떨리고 소름 돋는 일이 사라질 것이오. 그러나 내 깃발을 볼 수 없다면 신의 왕 빠자빠띠의 깃발을 보시오. 그대들이 신의 왕 빠자빠띠의 깃발을 보면 두려움과 몸이 떨리고 소름 돋는 일이 사라질 것이오. 그러나 신의 왕 빠자빠띠의 깃발을 볼 수 없다면 신의 왕 와루나의 깃발을 보시오. 그대들이 신의 왕 와루나의 깃발을 보면 두려움과 몸이 떨리고 소름 돋는 일이 사라질 것이오. 그러나 신의 왕 와루

나의 깃발을 볼 수 없다면 신의 왕 아사나의 깃발을 보시오. 그대들이 신의 왕 아사나의 깃발을 보면 두려움과 몸이 떨리고 소름 돋는 일이 사라질 것이오.'

3 그러나 비구들이여, 신의 왕 삭까의 깃발을 보거나, 신의 왕 빠자빠띠의 깃발을 보거나, 신의 왕 와루나의 깃발을 보거나, 신의 왕 아사나의 깃발을 보면 두려움과 몸이 떨리고 소름 돋는 일이 사라지기도 하고 사라지지 않기도 한다. 그 이유는 무엇인가? 비구들이여, 신의 왕 삭까는 탐욕을 제거하지 못했고 성냄을 제거하지 못했고 어리석음을 제거하지 못했으므로 두려워하고 몸을 떨며 불안해하면서 도망갈 수 있기 때문이다.

4 그러나 비구들이여, 나는 그대들에게 말한다. 비구들이여, 그대들이 숲속이나 나무 아래나 빈집에 머물 때 두려움과 몸이 떨리고 소름 돋는 일이 생기면 그때는 '세존은 거룩한 분, 바르게 완전히 깨달으신 분, 지혜와 실천을 갖추신 분, 잘 가신 분, 세상 모든 이치를 잘 알고 계신 분, 가장 높으신 분, 인간을 잘 다스리시는 분, 하늘신과 인간의 스승이신 분, 깨달으신 분, 무한한 복덕을 지니신 분이다.' 하면서 오직 나를 계속해서 생각하라. 비구들이여, 그대들이 나를 계속해서 생각하면 두려움과 몸이 떨리고 소름 돋는 일이 사라질 것이다.

5 나를 계속해서 생각할 수 없다면 '가르침은 세존께서 잘 말씀하셨고, 스스로 보아 알 수 있고, 곧바로 체험하고, 와서 보라는

것이고, 향상으로 이끌고, 현명한 이는 스스로 깨우치는 것이다.' 하면서 오직 가르침을 계속해서 생각하라. 비구들이여, 그대들이 가르침을 계속해서 생각하면 두려움과 몸이 떨리고 소름 돋는 일이 사라질 것이다.

6 가르침을 계속해서 생각할 수 없다면 '세존을 따르는 거룩한 승가는 훌륭하게 수행하며, 바르게 수행하며, 참되게 수행하며, 합당하게 수행하니 곧 네 쌍의 여덟 단계에 있는 분들이시다. 이런 승가는 공양받을 만하고, 대접받을 만하고, 보시받을 만하고, 존경받을 만하고, 세상의 더없는 복밭이다.' 하면서 승가를 계속해서 생각하라. 비구들이여, 그대들이 승가를 계속해서 생각하면 두려움과 몸이 떨리고 소름 돋는 일이 사라질 것이다.

7 그 이유는 무엇인가? 비구들이여, 여래는 거룩한 분, 바르게 완전히 깨달은 분으로, 탐욕을 제거했고 성냄을 제거했고 어리석음을 제거했으므로 두려워하지 않고 몸을 떨지 않으며 불안해하지 않아 도망가지 않기 때문이다."

8 세존께서 이렇게 말씀하셨다. 이렇게 말씀하시고 스승이신 잘 가신 분께서는 시를 읊으셨다.

> 비구들이여
> 숲속이나 나무 아래나 빈집에 있을 때
> 바르게 완전히 깨달은 분을 계속해서 생각하면
> 어떠한 두려움도 없을 것이다

인간의 스승이며 세상에서 으뜸인
부처님을 계속해서 생각할 수 없다면
해탈로 이끄는 잘 설해진 가르침을
계속해서 생각하라

해탈로 이끄는 잘 설해진 가르침을
계속해서 생각할 수 없다면
더없는 복밭인 승가를
계속해서 생각하라

비구들이 부처님과 가르침과 승가를
계속해서 생각한다면
두려움과 몸이 떨리고 소름 돋는 일이
언제 어디서나 일어나지 않으리라

천한 사람 경(Vasala Sutta) – 『숫따니빠따』(1:7)

1 이와 같이 나는 들었습니다. 한때 세존께서 싸왓티의 제따숲 아나타삔디까 사원에 계셨다. 세존께서 오전에 옷매무시를 가다듬고 가사와 발우를 갖추고 싸왓티에 탁발하러 가셨다.

2 그때 불을 섬기는 바라문 악기까 바라드와자의 집에는 성화가 켜지고 제물이 올려져 있었다. 세존께서 싸왓티에서 차례로 탁발

하면서 바라문 악기까 바라드와자의 집에 가까이 가셨다. 바라문 악기까 바라드와자는 세존께서 멀리서 오는 것을 보고 말했다.

"까까중아, 거기 서라. 가짜 수행자여, 거기 서라. 천한 놈아, 거기 서라."

3 이렇게 말하자 세존께서 바라문 악기까 바라드와자에게 말씀하셨다.

"바라문이여, 그대는 어떤 사람이 참으로 천한 사람인지 알고 있는가? 또 사람을 천하게 만드는 조건이 무엇인가를 알고 있는가?"

"고따마여, 저는 사람을 천하게 만드는 조건을 알지 못합니다. 아무쪼록 저에게 사람을 천하게 만드는 조건을 알 수 있도록 말씀해 주십시오."

"바라문이여, 그러면 주의해서 잘 들으라. 내가 말하리라."

바라문 악기까 바라드와자는 "그렇게 하겠습니다."하고 세존께 대답했다. 세존께서 말씀하셨다.

4 화를 내고 원한을 품으며, 악독하고 시기심이 많고
　　그릇된 소견으로 속이길 잘한다면
　　그를 천한 사람으로 알라

5 한 번 태어나는 것이나, 두 번 태어나는 것이나
　　이 세상에 있는 생명을 해치고
　　살아있는 생명에 자비심이 없다면
　　그를 천한 사람으로 알라

6 시골과 도시를 파괴하고 약탈하면서
   독재자로서 세상에 널리 알려진다면
   그를 천한 사람으로 알라

7 마을에 있거나 숲에 있거나 남의 것을 내 것이라고 하고
   주지 않는 것을 가진다면
   그를 천한 사람으로 알라

8 빚을 지고서 돌려 달라 독촉을 받아도
   '언제 빚졌느냐'고 발뺌한다면
   그를 천한 사람으로 알라

9 얼마 안 되는 물건을 탐내어
   길을 가는 사람을 살해하고 물건을 약탈한다면
   그를 천한 사람으로 알라

10 증인으로 나갔을 때
   자기 이익이나 남을 위해
   또는 재물 때문에 거짓으로 증언한다면
   그를 천한 사람으로 알라

11 폭력을 쓰거나 서로 눈이 맞아
   친지나 친구의 아내와 놀아난다면
   그를 천한 사람으로 알라

12 가진 재산이 풍족하면서도

늙고 병든 어머니와 아버지를 섬기지 않는다면

그를 천한 사람으로 알라

13 어머니와 아버지, 형제나 자매

또는 배우자의 어머니를 때리거나 욕한다면

그를 천한 사람으로 알라

14 유익한 충고를 요청하는데도

불리하도록 가르쳐주거나 분명치 않게 일러준다면

그를 천한 사람으로 알라

15 나쁜 짓을 하고서도

아무도 자기가 한 일을 모르기를 바라며 숨긴다면

그를 천한 사람으로 알라

16 남의 집에 가서는 융숭한 대접을 받았으면서도

그 사람이 손님으로 왔을 때 대접하지 않으면

그를 천한 사람으로 알라

17 바라문이나 사문 또는 탁발하는 자를 거짓말로 속인다면

그를 천한 사람으로 알라

18 식사 때가 되었는데도

바라문이나 사문에게 욕하고 먹을 것을 주지 않는다면

그를 천한 사람으로 알라

19 어리석음에 이끌려 사소한 물건을 탐내
사실이 아닌 것을 말한다면
그를 천한 사람으로 알라

20 자신을 칭찬하고 남을 비방하며
스스로 교만에 빠진 사람이 있다면
그를 천한 사람으로 알라

21 남을 화나게 하고 이기적이고 악의적이고
인색하고 거짓을 일삼고 부끄러움과 창피함을 모른다면
그를 천한 사람으로 알라

22 깨달은 이를 비방하거나 출가자나 재가 수행자를 헐뜯는다면
그를 천한 사람으로 알라

23 아라한이 아닌 자가 아라한이라고 주장한다면
이 자야말로 하늘을 포함한 세상에서 가장 천한 사람이다
내가 그대에게 말한 이런 사람이야말로 참으로 천한 사람이다

24 날 때부터 천한 사람이 아니고
날 때부터 바라문이 아니다
행위에 따라 천한 사람이 되고
행위에 따라 바라문이 된다

25 나를 예로 들겠으니 이것으로 내 말뜻을 알라
  나는 전생에 불가촉천민의 아들이자
  개를 잡는 백정인 마땅가로 알려진 사람이었다

26 그 마땅가는 얻기 어려운 최상의 명예를 얻었고
  많은 왕족과 바라문들이 그를 섬기려고 모여들었다

27 그는 먼지를 떨어버린 거룩한 길에 올라
  애욕을 버리고 하늘나라에 갔다
  천한 태생인 그가 하늘나라에 태어나는 것을
  아무도 막지 못했다

28 웨다를 외는 집에 태어나 웨다의 글귀에 친숙한 바라문도
  나쁜 행위에 빠진 것을 볼 수 있다

29 그들은 이 세상에서 비난받고
  저세상에는 나쁜 곳에 태어나니
  신분이 높은 태생도 나쁜 곳에 태어나 비난받는 것을
  아무도 막을 수 없다

30 날 때부터 천한 사람이 아니고
  날 때부터 바라문이 아니다
  행위에 따라 천한 사람이 되고
  행위에 따라 바라문이 된다

31 이렇게 말씀하시자, 바라문 악기까 바라드와자는 세존께 말씀드렸다.

"훌륭하십니다, 고따마시여. 훌륭하십니다, 고따마시여. 넘어진 자를 일으켜 세우듯, 가려진 것을 열어 보이듯, 길 잃은 이에게 길을 가리키듯, '눈이 있는 자는 형상을 보라.'고 어둠 속에 등불을 비추듯, 고따마 존자께서 여러 방편으로 진리를 밝혀주셨습니다. 저는 이제 부처님께 귀의하고, 가르침에 귀의하고, 승가에 귀의합니다. 오늘부터 목숨 바쳐 귀의하오니, 고따마 존자께서 저를 재가 신자로 받아주십시오."

사람경(Puggala Sutta) – 『쌍윳따니까야』(3:21)

1 이와 같이 나는 들었습니다. 한때 세존께서 싸왓티에 계셨다. 그때 꼬살라국의 빠세나디왕이 한낮에 세존께서 계신 곳으로 찾아왔다. 가까이 다가와 세존께 절을 올리고 한 곁에 앉았다.

2 세존께서 한 곁에 앉은 빠세나디 왕에게 말씀하셨다.
"대왕이여, 세상에는 네 부류의 인간이 있습니다. 무엇이 넷입니까?

3 어두운 곳에서 어두운 곳으로 가는 사람, 어두운 곳에서 밝은 곳으로 가는 사람, 밝은 곳에서 어두운 곳으로 가는 사람, 밝은 곳에서 밝은 곳으로 가는 사람입니다.

4 대왕이여, 어떤 사람이 어두운 곳에서 어두운 곳으로 갑니까? 대왕이여, 어떤 사람은 비천한 가문인 천민·사냥꾼·죽세공·마차공·청소부의 가문에 태어납니다. 그는 가난하고 먹고 마실 것이 부족하고 생계가 곤란하며 거친 음식이나 겨우 몸을 가릴 천조차도 어렵게 얻습니다. 그는 못생기거나 보기 흉하거나 기형이거나 병약하거나 눈멀거나 손이 불구거나 절름발이거나 반신불수입니다. 그는 먹을 것·마실 것·의복·탈것·화환·향·크림·침상·숙소·불을 얻지 못합니다. 그는 몸으로 나쁜 짓을 하고 말로 나쁜 짓을 하고 마음으로 나쁜 짓을 합니다. 그는 몸으로 나쁜 짓을 하고 말로 나쁜 짓을 하고 마음으로 나쁜 짓을 하여 죽어서 처참한 곳, 불행한 곳, 나쁜 곳, 지옥에 태어납니다.

대왕이여, 예를 들면 어떤 사람이 암흑천지에서 암흑천지로 가고 어두운 곳에서 어두운 곳으로 가고 더러운 곳에서 더러운 곳으로 가는 것과 같습니다. 대왕이여, 나는 이 사람도 이와 같다고 말합니다. 대왕이여, 이렇게 해서 이 사람은 어두운 곳에서 어두운 곳으로 갑니다.

5 대왕이여, 어떤 사람이 어두운 곳에서 밝은 곳으로 갑니까? 대왕이여, 어떤 사람은 비천한 가문인 천민·사냥꾼·죽세공·마차공·청소부의 가문에 태어납니다. 그는 가난하고 먹고 마실 것이 부족하고 생계가 곤란하며 거친 음식이나 겨우 몸을 가릴 천조차도 어렵게 얻습니다. 그는 못생기거나 보기 흉하거나 기형이거나 병약하거나 눈멀거나 손이 불구거나 절름발이거나 반신불수입

니다. 그는 먹을 것·마실 것·의복·탈것·화환·향·크림·침상·숙소·불을 얻지 못합니다. 그러나 그는 몸으로 좋은 일을 하고 말로 좋은 일을 하고 마음으로 좋은 일을 합니다. 그는 몸으로 좋은 일을 하고 말로 좋은 일을 하고 마음으로 좋은 일을 하여 죽어서 좋은 곳, 하늘나라에 태어납니다.

대왕이여, 예를 들면 어떤 사람이 땅에서 가마에 오르거나 가마에서 말에 오르거나 말에서 코끼리로 오르거나 코끼리에서 궁전으로 오르는 것과 같습니다. 나는 이 사람도 이와 같다고 말합니다. 대왕이여, 이렇게 해서 이 사람은 어두운 곳에서 밝은 곳으로 갑니다.

6 대왕이여, 어떤 사람이 밝은 곳에서 어두운 곳으로 갑니까? 대왕이여, 어떤 사람은 부유하고 재물이 많고 금과 은이 많고 재산과 곡식이 많은 끄샤뜨리야 가문이나 바라문 가문이나 장자 가문과 같은 고귀한 가문에서 태어납니다. 그는 아름답고 멋있고 우아하며 준수한 용모를 갖춥니다. 그는 먹을 것·마실 것·의복·탈것·화환·향·크림·침상·숙소·불을 얻습니다. 그러나 그는 몸으로 나쁜 짓을 하고 말로 나쁜 짓을 하고 마음으로 나쁜 짓을 합니다. 그는 몸으로 나쁜 짓을 하고 말로 나쁜 짓을 하고 마음으로 나쁜 짓을 하여 죽어서 처참한 곳, 불행한 곳, 나쁜 곳, 지옥에 태어납니다.

대왕이여, 예를 들면 어떤 사람이 궁전에서 코끼리로 내려오거나 코끼리에서 말로 내려오거나 말에서 가마로 내려오거나 가마에서 땅으로 내려오는 것과 같습니다. 나는 이 사람도 이와 같다고 말합니다. 대왕이여, 이렇게 해서 이 사람은 밝은 곳에서 어두운 곳으로 갑니다.

7 대왕이여, 어떤 사람이 밝은 곳에서 밝은 곳으로 갑니까? 대왕이여, 어떤 사람은 부유하고 재물이 많고 금과 은이 많고 재산과 곡식이 많은 끄샤뜨리야 가문이나 바라문 가문이나 장자 가문과 같은 고귀한 가문에서 태어납니다. 그는 아름답고 멋있고 우아하며 준수한 용모를 갖춥니다. 그는 먹을 것·마실 것·의복·탈 것·화환·향·크림·침상·숙소·불을 얻습니다. 그는 몸으로 좋은 일을 하고 말로 좋은 일을 하고 마음으로 좋은 일을 합니다. 그는 몸으로 좋은 일을 하고 말로 좋은 일을 하고 마음으로 좋은 일을 하여 죽어서 좋은 곳, 하늘나라에 태어납니다.

대왕이여, 예를 들면 어떤 사람이 가마에서 가마로 옮아가거나 말에서 말로 옮아가거나 코끼리에서 코끼리로 옮아가거나 궁전에서 궁전으로 옮아가는 것과 같습니다. 나는 이 사람도 이와 같다고 말합니다. 대왕이여, 이렇게 해서 이 사람은 밝은 곳에서 밝은 곳으로 갑니다. 대왕이여, 세상에는 이런 네 부류의 사람이 있습니다."

8 대왕이여
어떤 사람은 가난하고
믿음이 없고 인색하고 비열하고
나쁜 생각과 삿된 견해를 갖고 무례합니다

사문이나 바라문이나 걸식하는 자를

욕하고 비방하는 허무주의자로서

걸핏하면 화를 내고

탁발하는 자에게 보시하는 것을 방해합니다

백성의 주인인 대왕이여

이런 사람은 죽어서

무서운 지옥에 떨어지니

어두운 곳에서 어두운 곳으로 가는 자입니다

대왕이여

어떤 사람은 가난하나 믿음이 있고 인색하지 않고

보시하고 고결한 생각을 하며

마음이 산란하지 않습니다

사문이나 바라문이나 걸식하는 자를

일어나서 맞이하고 공경하며

올바른 행위로 자신을 닦는 착한 자는

탁발하는 자에게 보시하는 것을 방해하지 않습니다

백성의 주인인 대왕이여

이런 사람은 죽어서

서른셋 하늘나라로 가니

어두운 곳에서 밝은 곳으로 가는 자입니다

대왕이여
어떤 사람은 부유하나 믿음이 없고 인색하며
비열하고 나쁜 생각과
삿된 견해를 갖고 무례합니다

사문이나 바라문이나 걸식하는 자를
욕하고 비방하는 허무주의자로서
걸핏하면 화를 내고
탁발하는 자에게 보시하는 것을 방해합니다

백성의 주인인 대왕이여
이런 사람은 죽어서
무서운 지옥에 떨어지니
밝은 곳에서 어두운 곳으로 가는 자입니다

대왕이여
어떤 사람은 부유하고 믿음이 있고 인색하지 않고
보시하고 고결한 생각을 하며
마음이 산란하지 않습니다

사문이나 바라문이나 걸식하는 자를
일어나서 맞이하고 공경하며
올바른 행위로 자신을 닦는 착한 자는
탁발하는 자에게 보시하는 것을 방해하지 않습니다

백성의 주인인 대왕이여

이런 사람은 죽어서

서른셋 하늘나라로 가니

밝은 곳에서 밝은 곳으로 가는 자입니다

아씨반다까뿟따경(Asibandhakaputta Sutta) – 『쌍윳따니까야』(42:6)

1 이와 같이 나는 들었습니다. 한때 세존께서 날란다의 빠와리까 깜바바나 숲에 계셨다.

2 그때 아씨반다까뿟따 촌장이 세존께 다가갔다. 가서는 세존께 절을 올리고 한 곁에 앉았다. 한 곁에 앉은 아씨반다까뿟따 촌장은 세존께 여쭈었다.

3 "세존이시여, 서쪽 지방에 사는 바라문들은 물병을 갖고 세왈라 수초로 만든 화환을 두르고 물속에 들어가고 불을 섬기는 자들입니다. 그들은 죽은 사람을 들어 올리면서 이름을 부르고 하늘나라로 가게 한다고 합니다. 세존이시여, 거룩한 분이시며 바르게 완전히 깨달으신 분이신 부처님께서는 모든 세상 사람들이 죽은 뒤에 좋은 곳, 하늘나라에 태어나게 하실 수 있습니까?"

4 "촌장이여, 그대에게 물어보리니 대답해 보라. 촌장이여, 어떻게 생각하는가? 여기 어떤 사람이 생명을 죽이고, 주지 않은 것을

갖고, 삿된 음행을 하고, 거짓말을 하고, 이간질하고, 악담하고, 쓸데없는 말을 하고, 탐욕을 갖고, 화를 내고, 잘못된 견해를 갖고 있다. 그런데 많은 사람이 그에게로 모여들어 기도를 올리고 찬가를 외우고 합장한 채 그의 주위를 돌며 말하기를 '이 사람은 죽은 뒤에 좋은 곳, 하늘나라에 태어나게 하소서.' 한다 하자. 촌장이여, 어떻게 생각하는가? 많은 사람이 기도를 올리고 찬가를 외우고 합장한 채 그의 주위를 돌며 예배했으므로 그 사람은 죽은 뒤에 좋은 곳, 하늘나라에 태어나겠는가?"

"그렇지 않습니다, 세존이시여."

5 "촌장이여, 예를 들면 어떤 사람이 돌덩이를 깊은 물 속으로 던진다 하자. 그런데 많은 사람이 함께 그곳으로 모여들어 기도를 올리고 찬가를 외우고 합장한 채 그 주위를 돌며 말하기를 '떠올라라, 돌덩이여. 떠올라라, 돌덩이여. 뭍으로 나오라, 돌덩이여.' 한다 하자. 촌장이여, 어떻게 생각하는가? 많은 사람이 기도를 올리고 찬가를 외우고 합장한 채 그 주위를 돌며 예배했으므로 그 돌덩이가 떠오르고 뭍으로 나오겠는가?"

"그렇지 않습니다, 세존이시여."

"촌장이여, 그와 같이 어떤 사람이 생명을 죽이고, 주지 않은 것을 갖고, 삿된 음행을 하고, 거짓말을 하고, 이간질하고, 악담하고, 쓸데없는 말을 하고, 탐욕을 갖고, 화를 내고, 잘못된 견해를 갖고 있다. 그런데 많은 사람이 그에게로 모여들어 기도를 올리고 찬가를 외우고 합장한 채 그의 주위를 돌며 말하기를 '이 사람은 죽은 뒤에 좋은 곳, 하늘나라에 태어나소서.' 한다 하더라도 그 사람은 죽은 뒤에 처참한 곳, 불행한 곳, 나쁜 곳, 지옥에 태어날 것이다.

6 촌장이여, 어떻게 생각하는가? 여기 어떤 사람은 생명을 죽이지 않고, 주지 않은 것을 갖지 않고, 삿된 음행을 하지 않고, 거짓말을 하지 않고, 이간질하지 않고, 악담하지 않고, 쓸데없는 말을 하지 않고, 탐욕을 버리고, 화를 내지 않고, 바른 견해를 갖고 있다. 그런데 많은 사람이 함께 그에게로 모여들어 기도를 올리고 찬가를 외우고 합장한 채 그의 주위를 돌며 말하기를 '이 사람은 죽은 뒤 처참한 곳, 불행한 곳, 나쁜 곳, 지옥에 태어나소서.' 한다 하자. 촌장이여, 어떻게 생각하는가? 많은 사람이 기도를 올리고 찬가를 외우고 합장한 채 그의 주위를 돌며 예배했으므로 그 사람은 죽은 뒤에 처참한 곳, 불행한 곳, 나쁜 곳, 지옥에 태어나겠는가?"

"그렇지 않습니다, 세존이시여."

7 "촌장이여, 예를 들면 어떤 사람이 버터 단지나 참기름 단지를 갖고 깊은 물 속으로 들어가서 그것을 깬다 하자. 그러면 단지의 파편이나 조각은 아래로 가라앉을 것이고 버터나 참기름은 위로 떠오를 것이다. 그런데 많은 사람이 함께 그곳으로 모여들어 기도를 올리고 찬가를 외우고 합장한 채 그 주위를 돌며 말하기를 '내려가라, 버터와 참기름이여. 가라앉으라, 버터와 참기름이여. 바닥에 깔려라, 버터와 참기름이여.' 한다 하자. 촌장이여, 어떻게 생각하는가? 많은 사람이 기도를 올리고 찬가를 외우고 합장한 채

그 주위를 돌며 예배했으므로 그 버터와 참기름은 내려가고 가라앉고 바닥에 깔리겠는가?"

"그렇지 않습니다, 세존이시여."

"촌장이여, 그와 같이 여기 어떤 사람은 생명을 죽이지 않고, 주지 않은 것을 갖지 않고, 삿된 음행을 하지 않고, 거짓말을 하지 않고, 이간질하지 않고, 악담하지 않고, 쓸데없는 말을 하지 않고, 탐욕을 버리고, 화를 내지 않고, 바른 견해를 갖고 있다. 그런데 많은 사람이 그에게로 모여들어 기도를 올리고 찬가를 외우고 합장한 채 그의 주위를 돌며 말하기를 '이 사람은 죽은 뒤 처참한 곳, 불행한 곳, 나쁜 곳, 지옥에 태어나소서.' 한다 하더라도 그 사람은 죽은 뒤에 좋은 곳, 하늘나라에 태어날 것이다."

8 이렇게 말씀하시자 아씨반다까뿟따 촌장은 세존께 말씀드렸다. "훌륭합니다, 세존이시여. 훌륭합니다, 세존이시여. 넘어진 자를 일으켜 세우듯, 가려진 것을 열어 보이듯, 길 잃은 이에게 길을 가리키듯, '눈이 있는 자는 형상을 보라.'고 어둠 속에 등불을 비추듯, 세존께서 여러 방편으로 진리를 밝혀주셨습니다. 저는 이제 부처님께 귀의하고, 가르침에 귀의하고, 승가에 귀의합니다. 오늘부터 목숨 바쳐 귀의하오니, 세존께서 저를 재가 신자로 받아주십시오."

다루기 힘듦 품(Akammanīya-vagga) – 『앙굿따라니까야』(1:21–30)

1 이와 같이 나는 들었습니다. 한때 세존께서 싸왓티의 제타숲 아나타삔디까 사원에 계셨다. 세존께서 이와 같이 말씀하셨다.

2 "비구들이여, 나는 닦지 않은 마음보다 더 다루기 힘든 것을 보지 못했다. 비구들이여 닦지 않은 마음은 다루기 어렵다.

3 비구들이여, 나는 닦은 마음보다 더 다루기 쉬운 것을 보지 못했다. 비구들이여, 닦은 마음은 다루기 쉽다.

4 비구들이여, 나는 닦지 않은 마음보다 더 큰 불이익을 가져오는 것을 보지 못했다. 비구들이여, 닦지 않은 마음은 큰 불이익으로 이끈다.

5 비구들이여, 나는 닦은 마음보다 더 큰 이익을 가져오는 것을 보지 못했다. 비구들이여, 닦은 마음은 큰 이익으로 이끈다.

6 비구들이여, 나는 닦지 않아 닫힌 마음보다 더 큰 불이익을 가져오는 것을 보지 못했다. 비구들이여, 닦지 않아 닫힌 마음은 큰 불이익으로 이끈다.

7 비구들이여, 나는 닦아서 열린 마음보다 더 큰 이익을 가져오는 것을 보지 못했다. 비구들이여, 닦아서 열린 마음은 큰 이익으로 이끈다.

8 비구들이여, 나는 닦지 않고 공부하지 않은 마음보다 더 큰 불이익을 가져오는 것을 보지 못했다. 비구들이여, 닦지 않아 공부하지 않은 마음은 큰 불이익으로 이끈다.

9 비구들이여, 나는 닦고 공부한 마음보다 더 큰 이익을 가져오는 것을 보지 못했다. 비구들이여, 닦아서 공부한 마음은 큰 이익으로 이끈다.

10 비구들이여, 나는 닦지 않고 공부하지 않은 마음보다 더 큰 괴로움을 가져오는 것을 보지 못했다. 비구들이여, 닦지 않고 공부하지 않은 마음은 큰 괴로움으로 이끈다.

11 비구들이여, 나는 닦고 공부한 마음보다 더 큰 즐거움을 가져오는 것을 보지 못했다. 비구들이여, 닦고 공부한 마음은 큰 즐거움으로 이끈다."

길들임 품(Danta-vagga) – 『앙굿따라니까야』(1:31~40)

1 이와 같이 나는 들었습니다. 한때 세존께서 싸왓티의 제타숲 아나타삔디까 사원에 계셨다. 세존께서 이와 같이 말씀하셨다.

2 "비구들이여, 나는 길들이지 않은 마음보다 더 큰 불이익을 가져오는 것을 보지 못했다. 비구들이여, 길들이지 않은 마음은 큰 불이익으로 이끈다.

3 비구들이여, 나는 길들인 마음보다 더 큰 이익을 가져오는 것을 보지 못했다. 비구들이여, 길들인 마음은 큰 이익으로 이끈다.

4 비구들이여, 나는 자제하지 않은 마음보다 더 큰 불이익을 가져오는 것을 보지 못했다. 비구들이여, 자제하지 않은 마음은 큰 불이익으로 이끈다.

5 비구들이여, 나는 자제한 마음보다 더 큰 이익을 가져오는 것을 보지 못했다. 비구들이여, 자제한 마음은 큰 이익으로 이끈다.

6 비구들이여, 나는 수호하지 않은 마음보다 더 큰 불이익을 가져오는 것을 보지 못했다. 비구들이여, 수호하지 않은 마음은 큰 불이익으로 이끈다.

7 비구들이여, 나는 수호한 마음보다 더 큰 이익을 가져오는 것을 보지 못했다. 비구들이여, 수호한 마음은 큰 이익으로 이끈다.

8 비구들이여, 나는 제어하지 않은 마음보다 더 큰 불이익을 가져오는 것을 보지 못했다. 비구들이여, 제어하지 않은 마음은 큰 불이익으로 이끈다.

9 비구들이여, 나는 제어한 마음보다 더 큰 이익을 가져오는 것을 보지 못했다. 비구들이여, 제어한 마음은 큰 이익으로 이끈다.

10 비구들이여, 나는 길들이지 않고 자제하지 않고 수호하지 않고 제어하지 않은 마음보다 더 큰 불이익을 가져오는 것을 보지 못했

다. 비구들이여, 길들이지 않고 자제하지 않고 수호하지 않고 제어하지 않은 마음은 큰 불이익으로 이끈다.

11 비구들이여, 나는 길들이고 자제하고 수호하고 제어한 마음보다 더 큰 이익을 가져오는 것을 보지 못했다. 비구들이여, 길들이고 자제하고 수호하고 제어한 마음은 큰 이익으로 이끈다."

벼 이삭 품(Sūkavagga) - 『앙굿따라니까야』(1:41-50)

1 이와 같이 나는 들었습니다. 한때 세존께서 싸왓티의 제타숲 아나타삔디카 사원에 계셨다. 세존께서 이와 같이 말씀하셨다.

2 "비구들이여, 벼이삭이나 보리이삭이 옆으로 누워있으면 손이나 발에 밟혀도 손이나 발에 피가 나지 않는다. 그것은 무슨 까닭인가? 비구들이여, 벼이삭이나 보리이삭이 누워있기 때문이다. 비구들이여, 그와 마찬가지로 비구의 마음이 잘못 놓이면 무명을 베어 지혜가 흐르게 하지 못해 열반을 얻을 수 없다. 그것은 무슨 까닭인가? 비구들이여, 마음이 잘못 놓였기 때문이다.

3 비구들이여, 벼이삭이나 보리이삭이 위로 세워져 있으면 손이나 발에 밟혀 손이나 발에 피가 난다. 그것은 무슨 까닭인가? 비구들이여, 벼이삭이나 보리이삭이 세워져 있기 때문이다. 비구들이여, 그와 마찬가지로 비구의 마음이 바로 놓이면 무명을 베어 지

혜가 흐르게 하여 열반을 얻을 수 있다. 그것은 무슨 까닭인가? 비구들이여, 마음이 바로 놓였기 때문이다.

4 비구들이여, 나는 마음으로 어떤 사람이 사악한 마음 상태에 있다는 것을 안다. 이때 그 사람이 죽는다면 그 과보로 지옥에 떨어진다. 그것은 무슨 까닭인가? 비구들이여, 그의 마음이 사악하기 때문이다. 비구들이여, 마음이 사악하면 죽은 후 처참한 곳, 불행한 곳, 나쁜 곳, 지옥에 태어난다.

5 비구들이여, 나는 마음으로 어떤 사람이 깨끗한 마음 상태에 있다는 것을 안다. 이때 그 사람이 죽는다면 그 과보로 하늘나라에 태어난다. 그것은 무슨 까닭인가? 비구들이여, 그의 마음이 깨끗하기 때문이다. 비구들이여, 마음이 깨끗하면 중생은 죽은 후 좋은 곳, 하늘나라에 태어난다.

6 비구들이여, 예를 들어 호수가 있는데 그 물이 혼탁하고 더럽고 진흙탕이라면 사람이 물가에 서서 조개·자갈·조약돌·물고기·수초를 볼 수 없다. 그것은 무슨 까닭인가? 비구들이여, 물이 혼탁하기 때문이다. 비구들이여, 그와 같이 마음이 혼탁하면, 자기 이익을 알 수 없고 다른 사람의 이익을 알 수 없고 둘 모두의 이익을 알 수 없고, 인간의 성품을 뛰어넘어 고귀한 이가 되기 위한 지식과 견문을 얻을 수 없다. 그것은 무슨 까닭인가? 비구들이여, 마음이 혼탁하기 때문이다.

7 비구들이여, 예를 들어 호수가 있는데 그 물이 잔잔하고 깨끗

하고 맑다면 사람이 물가에 서서 조개·자갈·조약돌·물고기·수초를 볼 수 있다. 그것은 무슨 까닭인가? 비구들이여, 물이 깨끗하기 때문이다. 비구들이여, 그와 같이 마음이 깨끗하면, 자기 이익을 알 수 있고 다른 사람의 이익을 알 수 있고 둘 모두의 이익을 알 수 있고, 인간의 성품을 뛰어넘어 고귀한 이가 되기 위한 지식과 견문을 얻을 수 있다. 그것은 무슨 까닭인가? 비구들이여, 마음이 깨끗하기 때문이다.

8 비구들이여, 여러 나무 가운데 유연함과 유능함에서 전단 나무가 으뜸이듯이, 비구들이여, 나는 이렇게 닦고 익힌 마음처럼 유연함과 유능함을 가진 것을 보지 못했다. 비구들이여, 닦고 익힌 마음은 유연함과 유능함을 가져온다.

9 비구들이여, 나는 마음보다 빨리 변하는 어떤 것을 보지 못했다. 비구들이여, 마음이 얼마나 빨리 변하는지를 설명하기란 쉽지 않다.

10 비구들이여, 이 마음은 빛난다. 그 마음이 바깥에서 들어온 번뇌로 오염된다.

11 비구들이여, 이 마음은 빛난다. 그 마음이 바깥에서 들어온 번뇌에서 벗어난다.

소금 덩이 경(Loṇaphala Sutta) – 『앙굿따라니까야』(3:99)

1 "비구들이여, 누가 말하기를 '사람이 어떤 업을 짓든지 업의 결과를 그대로 받는다.'고 한다면 맑고 깨끗한 삶을 살 이유도 없고 괴로움을 끝낼 기회도 없다. 비구들이여, 누가 말하기를 '사람이 과보를 가져올 업을 지으면 그 업의 결과를 받는다.'고 한다면 맑고 깨끗한 삶을 살 이유도 있고 바르게 괴로움을 끝낼 기회도 있다.
비구들이여, 어떤 사람은 적은 악업을 지어도 지옥으로 간다. 비구들이여, 그러나 어떤 사람은 같은 악업을 지었지만 지금 여기에서 다 받아서 다음 생에는 털끝만큼도 나타나지 않는다.

2 비구들이여, 어떤 사람이 적은 악업을 지어도 지옥으로 가는가? 비구들이여, 어떤 사람은 몸을 닦지 않고 계행을 닦지 않고 마음을 닦지 않고 지혜를 닦지 않아서, 덕이 모자라고 하찮은 존재가 되어 적은 악업에 대해서도 매우 고통스럽게 산다. 비구들이여, 이런 사람은 적은 악업을 짓지만 지옥으로 간다.
비구들이여, 어떤 사람이 같은 악업을 지었지만 지금 여기에서 다 받아서 다음 생에는 털끝만큼도 나타나지 않는가? 비구들이여, 어떤 사람은 몸을 닦고 계행을 닦고 마음을 닦고 지혜를 닦아서, 덕이 많고 위대한 존재가 되고 번뇌가 다하여 한량없는 삶을 산다. 비구들이여, 이런 사람은 같은 악업을 지었지만 지금 여기에서 다 겪는다. 그러면 다음 생에는 털끝만큼도 그 과보가 나타나지 않는다.

3 비구들이여, 예를 들어 어떤 사람이 물이 담긴 작은 그릇에 소금 덩이를 넣는다 하자. 비구들이여, 어떻게 생각하는가? 작은 그릇의 물은 이 소금 덩이 때문에 짜서 마실 수 없는가?"

"그러합니다. 세존이시여."

"그것은 무슨 까닭인가?"

"세존이시여, 그릇 속의 물이 조금 밖에 없어 그 소금 덩이 때문에 짜서 마실 수 없습니다."

"비구들이여, 예를 들면 어떤 사람이 갠지즈강에 소금 덩이를 넣는다 하자. 비구들이여, 어떻게 생각하는가? 갠지즈 강물은 이 소금 덩이 때문에 짜서 마실 수 없는가?"

"그렇지 않습니다. 세존이시여."

"그것은 무슨 까닭인가?"

"세존이시여, 그 갠지즈강은 많은 물이 모이기에 그 소금 덩이로는 짜지 않아 마실 수 있습니다."

"비구들이여, 그와 같이 어떤 사람은 몸을 닦지 않고 계행을 닦지 않고 마음을 닦지 않고 지혜를 닦지 않아서 덕이 모자라고 하찮은 존재가 되어 적은 악업에 대해서도 매우 고통스럽게 산다. 비구들이여, 이런 사람은 적은 악업을 짓지만 지옥으로 간다. 비구들이여, 어떤 사람은 몸을 닦고 계행을 닦고 마음을 닦고 지혜를 닦아서 덕이 모자라지 않고 위대한 존재가 되고 번뇌가 다하여 한량없는 삶을 산다. 비구들이여, 이런 사람은 같은 악업을 짓지만 지금 여기에서 다 겪는다. 그러면 다음 생에는 털끝만큼도 그 과보가 나타나지 않는다.

4 비구들이여, 어떤 사람은 동전 반 개로도 감옥에 가고 동전 한 개로도 감옥에 가고 동전 백 개로도 감옥에 간다. 그러나 비구들이여, 어떤 사람은 동전 반 개로도 감옥에 가지 않고 동전 한 개로도 감옥에 가지 않고 동전 백 개로도 감옥에 가지 않는다.

비구들이여, 그러면 어떤 사람이 동전 반 개로도 감옥에 가고 동전 한 개로도 감옥에 가고 동전 백 개로도 감옥에 가는가? 비구들이여, 어떤 사람은 가난하고 재물이 없고 재산이 없다. 비구들이여, 이런 사람은 동전 반 개로도 감옥에 가고 동전 한 개로도 감옥에 가고 동전 백 개로도 감옥에 간다.

5 비구들이여, 그러면 어떤 사람이 동전 반 개로도 감옥에 가지 않고 동전 한 개로도 감옥에 가지 않고 동전 백 개로도 감옥에 가지 않는가? 비구들이여, 어떤 사람은 부자여서 많은 재물과 많은 재산을 가졌다. 비구들이여, 이런 사람은 동전 반 개로도 감옥에 가지 않고 동전 한 개로도 감옥에 가지 않고 동전 백 개로도 감옥에 가지 않는다.

6 비구들이여, 그와 같이 어떤 사람은 몸을 닦지 않고 계행을 닦지 않고 마음을 닦지 않고 지혜를 닦지 않아서 덕이 모자라고 하찮은 존재가 되어 적은 악업에 대해서도 매우 고통스럽게 산다. 비구들이여, 이런 사람은 적은 악업을 짓지만 지옥으로 간다. 비구들이여, 그러나 어떤 사람은 몸을 닦고 계행을 닦고 마음을 닦고 지혜를 닦아서 덕이 모자라지 않고 위대한 존재가 되고 번뇌가 다하여 한량없는 삶을 산다. 비구들이여, 이런 사람은 같은 악업을

짓지만 지금 여기에서 다 겪는다. 그러면 다음 생에는 털끝만큼도 그 과보가 나타나지 않는다.

7 비구들이여, 예를 들면 양고기 장사나 양을 잡는 사람이 양을 훔친 자들 가운데 어떤 자는 죽이거나 묶거나 태우거나 하고 싶은 대로 할 수가 있지만, 양을 훔친 자들 가운데 어떤 자는 죽이거나 묶거나 태우거나 하고 싶은 대로 할 수 없다.

8 비구들이여, 양고기 장사나 양을 잡는 사람이 양을 훔친 자들 가운데 어떤 자를 죽이거나 묶거나 태우거나 하고 싶은 대로 할 수 있는가? 비구들이여, 여기 어떤 사람은 가난하고 재물이 없고 재산이 없다. 비구들이여, 양고기 장사나 양을 잡는 사람이 양을 훔친 자들 가운데 이런 자는 죽이거나 묶거나 태우거나 하고 싶은 대로 할 수 있다.

9 비구들이여, 양고기 장사나 양을 잡는 사람이 양을 훔친 자들 가운데 어떤 자를 죽이거나 묶거나 태우거나 하고 싶은 대로 할 수 없는가? 비구들이여, 어떤 사람은 부자여서 많은 재물과 많은 재산을 가졌다. 비구들이여, 양고기 장사나 양을 잡는 사람이 양을 훔친 자들 가운데 이런 자는 죽이거나 묶거나 태우거나 하고 싶은 대로 할 수 없다. 오히려 그는 두려움에 떨면서 합장하여 '주인님, 제게 양이나 그 양값을 돌려주십시오,'하고 빌 것이다.

10 비구들이여, 그와 같이 어떤 사람은 몸을 닦지 않고 계행을 닦지 않고 마음을 닦지 않고 지혜를 닦지 않아서, 덕이 모자라고 하

찮은 존재가 되어 적은 악업에 대해서도 매우 고통스럽게 산다. 비구들이여, 이런 사람은 적은 악업을 짓지만 지옥으로 간다. 비구들이여, 그러나 어떤 사람은 몸을 닦고 계행을 닦고 마음을 닦고 지혜를 닦아서, 덕이 모자라지 않고 위대한 존재가 되고 번뇌가 다하여 한량없는 삶을 산다. 비구들이여, 이런 사람은 같은 악업을 짓지만 지금 여기에서 다 겪는다. 그러면 다음 생에는 털끝만큼도 그 과보가 나타나지 않는다.

11 비구들이여, 누가 말하기를 '사람이 어떤 업을 짓든지 업의 결과를 그대로 받는다.'고 한다면 맑고 깨끗한 삶을 살 이유도 없고 괴로움을 끝낼 기회도 없다. 비구들이여, 누가 말하기를 '사람이 과보를 가져올 업을 지으면 그 업의 결과를 받는다.'고 한다면 맑고 깨끗한 삶을 살 이유도 있고 바르게 괴로움을 끝낼 기회도 있다."

업 분석의 짧은 경(Cūḷakammavibhaṅga Sutta) – 『맛지마니까야』135

1 이와 같이 나는 들었습니다. 한때 세존께서 싸왓티의 제따숲 아나타삔디까 사원에 계셨다.

2 그때 또데야의 아들인 쑤바 바라문이 세존을 뵈러 갔다. 가서는 세존께 절을 올리고 한 곁에 앉았다. 한 곁에 앉은 또데야의 아들인 쑤바 바라문은 세존께 말씀드렸다.

3 "고따마 존자여, 어떤 원인과 어떤 조건 때문에 같은 인간으로서 비천한 사람도 있고 고귀한 사람도 있습니까? 고따마 존자여, 수명이 짧은 사람도 있고 수명이 긴 사람도 있으며, 병약한 사람도 있고 건강한 사람도 있으며, 못생긴 사람도 있고 잘생긴 사람도 있으며, 세력이 없는 사람도 있고 세력이 있는 사람도 있으며, 가난한 사람도 있고 부유한 사람도 있으며, 낮은 가문의 사람도 있고 높은 가문의 사람도 있으며, 어리석은 사람도 있고 지혜로운 사람도 있습니다. 고따마 존자여, 어떤 원인과 어떤 조건 때문에 같은 인간으로서 비천한 사람도 있고 고귀한 사람도 있습니까?"

4 "바라문이여, 중생은 업을 가진 자이고 업을 받는 자이고 업을 짓는 자이고 업과 함께 하며 업이 만들어지는 곳이다. 업이 중생을 구분 지어서 비천하거나 고귀하게 만든다."

"저는 고따마 존자께서 간략히 말씀하셔서 자세한 뜻을 모르겠습니다. 고따마 존자께서 제가 이해할 수 있도록 자세히 가르쳐주시면 감사하겠습니다."

"바라문이여, 그렇다면 이제 말하리니 듣고 마음에 잘 새겨라."

"그러겠습니다, 존자여."하고 또데야의 아들인 쑤바 바라문은 세존께 대답했다. 세존께서 말씀하셨다.

5 "바라문이여, 어떤 여자나 남자는 살아있는 생명을 죽이고, 잔인하여 손에 피를 묻히고 살해와 파괴를 일삼고 많은 생명에게 자비가 없다. 그는 이런 업을 짓고 죽은 뒤 처참한 곳, 불행한 곳, 나쁜 곳, 지옥에 태어난다. 죽은 뒤 처참한 곳, 불행한 곳, 나쁜 곳,

지옥에 태어나지 않고 인간으로 온다면 어떤 곳에 태어나더라도 그의 수명은 짧다.

바라문이여, 살아있는 생명을 죽이고, 잔인하여 손에 피를 묻히고 살해와 파괴를 일삼고 많은 생명에게 자비가 없는 행위는 수명이 짧은 운명으로 이끈다.

6 바라문이여, 어떤 여자나 남자는 생명을 죽이는 것을 버리고 생명을 죽이는 것을 삼가고, 몽둥이를 내려놓고 칼을 내려놓고 양심적이고 동정심이 있으며 모든 생명의 이익을 위하여 연민하며 머문다. 그는 이런 업을 짓고 죽은 뒤 좋은 곳, 하늘나라에 태어난다. 죽은 뒤 좋은 곳, 하늘나라에 태어나지 않고 인간으로 온다면 어떤 곳에 태어나더라도 그의 수명은 길다.

바라문이여, 생명을 죽이는 것을 버리고 생명을 죽이는 것을 삼가고, 몽둥이를 내려놓고 칼을 내려놓고 양심적이고 동정심이 있으며 모든 생명의 이익을 위하여 연민하며 머무는 행위는 수명이 긴 운명으로 이끈다.

7 바라문이여, 어떤 여자나 남자는 손이나 흙덩이나 막대기나 칼로 중생들을 해코지한다. 그는 이런 업을 짓고 죽은 뒤 처참한 곳, 불행한 곳, 나쁜 곳, 지옥에 태어난다. 죽은 뒤 처참한 곳, 불행한 곳, 나쁜 곳, 지옥에 태어나지 않고 인간으로 온다면 어떤 곳에 태어나더라도 그는 병이 많다.

바라문이여, 손이나 흙덩이나 막대기나 칼로 중생을 해코지하는 행위는 병약한 운명으로 이끈다.

8 바라문이여, 어떤 여자나 남자는 손이나 흙덩이나 막대기나 칼로 중생을 해코지하지 않는다. 그는 이런 업을 짓고 죽은 뒤 좋은 곳, 하늘나라에 생겨난다. 죽은 뒤 좋은 곳, 하늘나라에 태어나지 않고 인간으로 온다면 어떤 곳에 태어나더라도 그는 건강하다. 바라문이여, 손이나 흙덩이나 막대기나 칼로 중생을 해코지하지 않는 행위는 건강한 운명으로 이끈다.

9 바라문이여, 어떤 여자나 남자는 성을 잘 내고 성미가 급해서, 사소한 비난에도 노여워하고 화를 내고 분노하고 분개하고 미워하고 불만을 드러낸다. 그는 이런 업을 짓고 죽은 뒤 처참한 곳, 불행한 곳, 나쁜 곳, 지옥에 태어난다. 죽은 뒤 처참한 곳, 불행한 곳, 나쁜 곳, 지옥에 태어나지 않고 인간으로 온다면 어떤 곳에 태어나더라도 그는 못생기게 된다. 바라문이여, 성을 잘 내고 성미가 급해서, 사소한 비난에도 노여워하고 화를 내고 분노하고 분개하고 미워하고 불만을 거침없이 드러내는 행위는 못생긴 운명으로 이끈다.

10 바라문이여, 어떤 여자나 남자는 성을 잘 내지 않고 성미가 급하지 않아서, 많은 비난에도 노여워하지 않고 화내지 않고 분노하지 않고 분개하지 않고 미워하지 않고 불만을 드러내지 않는다. 그는 이런 업을 짓고 죽은 뒤 좋은 곳, 하늘나라에 태어난다. 죽은 뒤 좋은 곳, 하늘나라에 태어나지 않고 인간으로 온다면 어떤 곳에 태어나더라도 그는 잘생기게 된다. 바라문이여, 성을 잘 내지 않고 성미가 급하지 않아서, 많은 비난

에도 노여워하지 않고 화내지 않고 분노하지 않고 분개하지 않고 미워하지 않고 불만을 드러내지 않는 행위는 잘생긴 운명으로 이끈다.

11 바라문이여, 어떤 여자나 남자는 질투가 심하여 다른 사람이 얻은 이득·환대·존중·존경·칭송·예경을 질투하고 시샘하여 질투심에 묶여버린다. 그는 이런 업을 짓고 죽은 뒤 처참한 곳, 불행한 곳, 나쁜 곳, 지옥에 태어난다. 죽은 뒤 처참한 곳, 불행한 곳, 나쁜 곳, 지옥에 태어나지 않고 인간으로 온다면 어떤 곳에 태어나더라도 그는 세력이 없다.

바라문이여, 질투가 심하여 다른 사람이 얻은 이득·환대·존중·존경·칭송·예경을 질투하고 시샘하여 질투심에 묶여버리는 행위는 세력이 없는 운명으로 이끈다.

12 바라문이여, 어떤 여자나 남자는 질투를 하지 않아서 다른 사람이 얻은 이득·환대·존중·존경·칭송·예경을 질투하지 않고 시샘하지 않으며 질투심에 묶이지 않는다. 그는 이런 업을 짓고 죽은 뒤 좋은 곳, 하늘나라에 태어난다. 죽은 뒤 좋은 곳, 하늘나라에 태어나지 않고 인간으로 온다면 어떤 곳에 태어나더라도 그는 세력이 있다.

바라문이여, 질투하지 않아서 다른 사람이 얻은 이득·환대·존중·존경·칭송·예경을 질투하지 않고 시샘하지 않으며 질투심에 묶이지 않는 행위는 세력이 있는 운명으로 이끈다.

13 바라문이여, 어떤 여자나 남자는 사문과 바라문에게 음식·음료·옷·탈것·화환·향·연고·침상·거처·등불을 보시하지 않는다. 그는 이런 업을 짓고 죽은 뒤 처참한 곳, 불행한 곳, 나쁜 곳, 지옥에 태어난다. 죽은 뒤 처참한 곳, 불행한 곳, 나쁜 곳, 지옥에 태어나지 않고 인간으로 온다면 어떤 곳에 태어나더라도 그는 가난하다.

바라문이여, 사문과 바라문에게 음식·음료·옷·탈것·화환·향·연고·침상·거처·등불을 보시하지 않는 행위는 가난한 운명으로 이끈다.

14 바라문이여, 어떤 여자나 남자는 사문과 바라문에게 음식·음료·옷·탈것·화환·향·연고·침상·거처·등불을 보시한다. 그는 이런 업을 짓고 죽은 뒤 좋은 곳, 하늘나라에 태어난다. 죽은 뒤 좋은 곳, 하늘나라에 태어나지 않고 인간으로 온다면 어떤 곳에 태어나더라도 그는 부유하다.

바라문이여, 사문과 바라문에게 음식·음료·옷·탈것·화환·향·연고·침상·거처·등불을 보시하는 행위는 부유한 운명으로 이끈다.

15 바라문이여, 어떤 여자나 남자는 완고하고 거만하여 예경해야 할 사람에게 예경하지 않고, 자리에서 일어나 맞이해야 할 사람에게 자리에서 일어나 맞이하지 않고, 자리를 양보해야 할 사람에게 자리를 양보하지 않고, 길을 양보해야 할 사람에게 길을 양보하지 않고, 존경해야 할 사람을 존경하지 않으며, 존중해야 할 사람을

존중하지 않고, 공경해야 할 사람을 공경하지 않고, 숭배해야 할 사람에게 숭배하지 않는다. 그는 이런 업을 짓고 죽은 뒤 처참한 곳, 불행한 곳, 나쁜 곳, 지옥에 태어난다. 죽은 뒤 처참한 곳, 불행한 곳, 나쁜 곳, 지옥에 태어나지 않고 인간으로 온다면 어떤 곳에 태어나더라도 그는 낮은 가문에 태어난다.

바라문이여, 완고하고 거만하여 예경해야 할 사람에게 예경하지 않고, 자리에서 일어나 맞이해야 할 사람에게 자리에서 일어나 맞이하지 않고, 자리를 양보해야 할 사람에게 자리를 양보하지 않고, 길을 양보해야 할 사람에게 길을 양보하지 않고, 존경해야 할 사람을 존경하지 않으며, 존중해야 할 사람을 존중하지 않고, 공경해야 할 사람을 공경하지 않고, 숭배해야 할 사람에게 숭배하지 않는 행위는 낮은 가문에 태어나는 운명으로 이끈다.

16 바라문이여, 어떤 여자나 남자는 완고하지 않고 거만하지 않아 예경해야 할 사람에게 예경하고, 자리에서 일어나 맞이해야 할 사람에게 자리에서 일어나 맞이하고, 자리를 양보해야 할 사람에게 자리를 양보하고, 길을 양보해야 할 사람에게 길을 양보하고, 존경해야 할 사람을 존경하며, 존중해야 할 사람을 존중하고, 공경해야 할 사람을 공경하고, 숭배해야 할 사람에게 숭배한다. 그는 이런 업을 짓고 죽은 뒤 좋은 곳, 하늘나라에 태어난다. 죽은 뒤 좋은 곳, 하늘나라에 태어나지 않고 인간으로 온다면 어떤 곳에 태어나더라도 그는 높은 가문에 태어난다.

바라문이여, 완고하지 않고 거만하지 않아 예경해야 할 사람에게 예경하고, 자리에서 일어나 맞이해야 할 사람에게 자리에서 일어나 맞이하고, 자리를 양보해야 할 사람에게 자리를 양보하고, 길을 양보해야 할 사람에게 길을 양보하고, 존경해야 할 사람을 존경하며, 존중해야 할 사람을 존중하고, 공경해야 할 사람을 공경하고, 숭배해야 할 사람에게 숭배하는 행위는 높은 가문에 태어나는 운명으로 이끈다.

17 바라문이여, 어떤 여자나 남자는 사문이나 바라문을 찾아가서 '존자여, 무엇이 유익한 일이고 무엇이 해로운 일입니까? 무엇이 비난받을 일이고 무엇이 비난받지 않을 일입니까? 무엇을 가까이해야 하고 무엇을 가까이하지 않아야 합니까? 어떤 행위가 제게 오랜 세월 손해와 괴로움이 따르게 하고 어떤 행위가 제게 오랜 세월 이익과 행복이 따르게 합니까?'하고 질문하지 않는다. 그는 이런 업을 짓고 죽은 뒤 처참한 곳, 불행한 곳, 나쁜 곳, 지옥에 태어난다. 죽은 뒤 처참한 곳, 불행한 곳, 나쁜 곳, 지옥에 태어나지 않고 인간으로 온다면 어떤 곳에 태어나더라도 그는 어리석다.

바라문이여, 사문이나 바라문을 찾아가서 '존자여, 무엇이 유익한 일이고 무엇이 해로운 일입니까? 무엇이 비난받을 일이고 무엇이 비난받지 않을 일입니까? 무엇을 가까이해야 하고 무엇을 가까이하지 않아야 합니까? 어떤 행위가 제게 오랜 세월 손해와 괴로움이 따르게 하고 어떤 행위가 제게 오랜 세월 이익과 행복이 따르게 합니까?'하고 질문하지 않는 행위는 어리석은 자의 운명으로 이끈다.

18 바라문이여, 어떤 여자나 남자는 사문이나 바라문을 찾아뵙고 '존자여, 무엇이 유익한 일이고 무엇이 해로운 것입니까? 무엇이 비난받을 일이고 무엇이 비난받지 않을 일입니까? 무엇을 가까이해야 하고 무엇을 가까이하지 않아야 합니까? 어떤 행위가 제게 오랜 세월 손해와 괴로움이 따르게 하고 어떤 행위가 제게 오랜 세월 이익과 행복이 따르게 합니까?'하고 질문한다. 그는 이런 업을 짓고 죽은 뒤 좋은 곳, 하늘나라에 태어난다. 죽은 뒤 좋은 곳, 하늘나라에 태어나지 않고 인간으로 온다면 어떤 곳에 태어나더라도 그는 지혜롭다.

바라문이여, 사문이나 바라문을 찾아뵙고 '존자여, 무엇이 유익한 일이고 무엇이 해로운 일입니까? 무엇이 비난받을 일이고 무엇이 비난받지 않을 일입니까? 무엇을 가까이해야 하고 무엇을 가까이하지 않아야 합니까? 어떤 행위가 제게 오랜 세월 손해와 괴로움이 따르게 하고 어떤 행위가 제게 오랜 세월 이익과 행복이 따르게 합니까?'하고 질문하는 행위는 지혜로운 자의 운명으로 이끈다.

19 바라문이여, 이렇게 수명을 짧게 하는 행위는 그의 수명을 짧게 하고, 수명을 길게 하는 행위는 그의 수명을 길게 한다. 병약하게 하는 행위는 그를 병약하게 하고, 건강하게 하는 행위는 그를 건강하게 한다. 못 생기게 하는 행위는 그를 못생기게 하고, 잘생기게 하는 행위는 그를 잘생기게 한다. 세력이 없게 하는 행위는 그를 세력이 없게 하고, 세력이 있게 하는 행위는 그를 세력이 있게 한다. 가난하게 하는 행위는 그를 가난하게 하고, 부유하

게 하는 행위는 그를 부유하게 한다. 낮은 가문에 태어나게 하는 행위는 그를 낮은 가문에 태어나게 하고, 높은 가문에 태어나게 하는 행위는 그를 높은 가문에 태어나게 한다. 어리석게 하는 행위는 그를 어리석게 하고, 지혜를 갖게 하는 행위는 그를 지혜롭게 한다.

20 바라문이여, 중생들은 업을 가진 자이고 업을 받는 자이고 업을 짓는 자이고 업과 함께 하며 업이 만들어지는 곳이다. 업에 따라 중생은 비천하거나 고귀하게 된다."

21 이렇게 말씀하시자 또데야의 아들인 쑤바 바라문은 세존께 말씀드렸다.

"훌륭합니다, 고따마 존자여. 훌륭합니다, 고따마 존자여. 넘어진 자를 일으켜 세우듯, 가려진 것을 열어 보이듯, 길 잃은 이에게 길을 가리키듯, '눈 있는 자는 형상을 보라.'고 어둠 속에 등불을 비추듯, 고따마 존자께서는 여러 방편으로 가르침을 주셨습니다. 저는 이제 고따마 존자께 귀의하고, 가르침에 귀의하고, 승가에 귀의합니다. 고따마 존자께서 저를 재가 신자로 받아주소서. 오늘부터 목숨이 붙어 있는 그 날까지 귀의하겠습니다."

인색경 | (Macchari Sutta) – 『쌍윳따니까야』(1:32)

1 이와 같이 나는 들었습니다. 한때 세존께서 제따숲 아나타삔디까 사원에 계셨다.

2 밤이 깊었을 때 많은 사뚤라빠 하늘신들이 아름다운 모습을 하고 제따숲을 환히 밝히면서 세존께 다가갔다. 다가가서는 세존께 절을 올린 뒤 한 곁에 섰다. 한 하늘신이 세존 앞에서 시를 읊었다.

> 인색하고 게을러서 보시하지 않는다
> 공덕을 바라고 과보를 아는 자는 보시해야 한다

3 그러자 다른 하늘신이 세존 앞에서 시를 읊었다.

> 인색한 자는 두려워서 베풀지 않는다
> 베풀지 못하는 자가 두려워하는 것은
> 인색한 자가 무서워하는 배고픔과 목마름
> 어리석은 자는 이 세상과 저세상에서 그것을 만난다

> 인색함을 반드시 이겨내고
> 마음의 티끌을 극복하고 보시해야 한다
> 공덕은 저세상에서
> 모든 존재의 의지처다

4 그러자 다른 하늘신이 세존 앞에서 시를 읊었다.

험한 길을 함께 가는 좋은 벗처럼
적어도 나누어 주는 사람은
죽은 자들 가운데서도 죽지 않으니
이것은 영원한 진리다

어떤 사람은 적어도 나누어 갖고
어떤 사람은 많아도 나누려 하지 않는다
적게 가져도 나누는 것은
그 가치가 천 배나 된다

5 그러자 다른 하늘신이 세존 앞에서 시를 읊었다.

참사람의 법은 따르기가 어렵다
베풀기 어려운 것을 베풀고
하기 어려운 것을 하는 참사람을
참되지 않은 사람은 흉내 내기도 어렵다

그러므로 참사람과 참되지 않은 사람이
태어날 곳은 서로 다르다
참되지 않은 사람은 지옥에 태어나고
참사람은 하늘나라로 간다

6 그때 어떤 하늘신이 세존께 여쭈었다.

구름 같은 큰 산이 모든 생명을 짓뭉개면서 이리로 오고 있는 것을 봤습니다. 대왕이여, 당신이 해야 할 일을 찾아 주십시오.'
대왕이여, 이렇게 커다란 재난이 일어나 모든 사람에게 죽음의 공포가 다가오고 더 이상 살아남기 어려울 때 무엇을 해야 합니까?"

5 "세존이시여, 이렇게 커다란 재난이 일어나 모든 사람에게 죽음의 공포가 다가오고 더 이상 살아남기 어려울 때 진리에 따라 살고 올바르게 살고 좋은 일을 하고 공덕을 짓는 것 외에 더 무엇을 할 수 있겠습니까?"

6 "대왕이여, 나는 그대에게 말합니다. 대왕이여, 나는 그대에게 알립니다. 대왕이여, 늙음과 죽음이 그대를 향해 맹렬하게 굴러오고 있습니다. 대왕이여, 늙음과 죽음이 그대를 향해 맹렬하게 굴러오고 있는데 그대는 무엇을 해야 합니까?"

7 "세존이시여, 늙음과 죽음이 저를 향해 맹렬히 굴러오고 있을 때는 진리에 따라 살고 올바르게 살고 좋은 일을 하고 공덕을 짓는 것 외에 더 무엇을 할 수 있겠습니까?
세존이시여, 권력의 도취에 몰두하고, 감각적 쾌락의 욕망에 전념하고, 나라의 안정된 지배를 확보하고, 광대한 영토를 정복하여 통치하는 끄샤뜨리야 왕에게는 코끼리 부대가 있습니다. 그러나 그런 코끼리 부대로도 맹렬하게 굴러오는 늙음과 죽음에 대해서는 아무 방도나 대책이 없습니다. 세존이시여, 끄샤뜨리야 왕에게는 기마 부대가 있습니다. 그러나 그런 기마 부대로도 맹렬하게 굴러오는 늙음과 죽음에 대해서는 아무 방도나 대책이 없습니다. 세존이시여, 끄샤뜨리야 왕에게는 전차 부대가 있습니다. 그러나 그런 전차 부대로도 맹렬하게 굴러오는 늙음과 죽음에 대해서는 아무 방도나 대책이 없습니다. 세존이시여, 끄샤뜨리야 왕에게는 보병 부대가 있습니다. 그러나 그런 보병 부대로도 맹렬하게 굴러오는 늙음과 죽음에 대해서는 아무 방도나 대책이 없습니다.

8 세존이시여, 그리고 이 왕궁에는 원로들과 대신들이 있어 적군이 쳐들어오면 계략으로 저들을 쳐부술 수 있습니다. 그러나 그 계략으로도 맹렬하게 굴러오는 늙음과 죽음에 대해서는 아무 방도나 대책이 없습니다. 세존이시여, 그리고 이 왕궁에는 땅에 묻어 두고 높은 누각에 숨겨둔 많은 황금이 있어 쳐들어오는 적들을 재물로 설득할 수 있습니다. 그러나 재물로 설득하더라도 맹렬하게 굴러오는 늙음과 죽음에 대해서는 아무 방도나 대책이 없습니다. 세존이시여, 늙음과 죽음이 저를 향해 맹렬하게 굴러오고 있을 때는 진리에 따라 살고 올바르게 살고 좋은 일을 하고 공덕을 짓는 것 외에 더 무엇을 할 수 있겠습니까?"

9 "그렇습니다, 대왕이여. 그렇습니다, 대왕이여. 늙음과 죽음이 그대를 향해 맹렬하게 굴러오고 있을 때는 진리에 따라 살고 올바르게 살고 좋은 일을 하고 공덕을 짓는 것 외에 더 무엇을 할 수 있겠습니까?"

10 세존께서 이렇게 말씀하셨다. 이렇게 말씀하신 뒤 잘 가신 분

께서는 시를 읊었다.

하늘을 찌를 듯한 거대한 돌산이
사방에서 짓이기며 에워싸듯
늙음과 죽음이 중생들을 덮쳐오네

왕족이든 바라문이든 평민이든 노예든
천민이든 청소부든
그 누구도 피해갈 수 없나니
늙음과 죽음은 모든 것을 갈아 없애버리네

코끼리부대도 전차부대도
기마부대도 보병부대도 어쩔 수 없고
계략이나 재물로 싸워도
이길 수가 없다

지혜롭고 현명한 이는
자신을 위한 일을 살피니
지혜로운 그 사람, 부처님과 가르침과
승가에 믿음을 심는다

몸과 말과 마음으로
진리를 실천하는 사람은
이 세상에서 칭찬을 받고
죽은 뒤 하늘나라에서 기쁨을 누린다

저승사자경(Devadūta Sutta) – 『앙굿따라니까야』(3:36)

1 "비구들이여, 세 저승사자가 있다. 어떤 것이 셋인가? 비구들이여, 어떤 자는 몸으로 나쁜 짓을 하고 말로 나쁜 짓을 하고 마음으로 나쁜 짓을 한다. 그는 몸과 말과 마음으로 나쁜 짓을 하고 죽은 뒤 처참한 곳, 불행한 곳, 나쁜 곳, 지옥에 태어난다.

비구들이여, 옥졸들이 그의 양팔을 잡아서 염라대왕에게 보이고 말한다. '염라대왕이시여, 이 사람은 어머니·아버지·사문·바라문·집안 어른들을 공경하지 않았습니다. 이 사람에게 벌을 내리소서.'

2 비구들이여, 염라대왕은 첫째 저승사자에 대해 그를 심문하고 추궁하며 묻는다. '그대는 사람 가운데 나타난 첫째 저승사자를 보지 못했는가?' 그는 대답한다. '대왕이시여, 보지 못했습니다.'

비구들이여, 그때 염라대왕은 그에게 묻는다. '그대는 사람 가운데 여든 살이나 아흔 살이 되어 서까래처럼 휘어지고, 구부러지고, 지팡이에 의지하여 덜덜 떨며 걷고, 병들고, 늙고, 이빨이 빠지고, 백발이 되고, 머리카락이 부서지고, 대머리고, 피부에 주름이 지고, 얼굴에 검버섯이 난 노쇠한 남자나 여자를 보지 못했는가?' 그는 대답한다. '대왕이시여, 보았습니다.'

비구들이여, 염라대왕은 그에게 묻는다. '그대는 분별도 있고 나이도 들었는데, '나도 늙을 것이고 늙음을 피할 수 없다. 그러니 이제 나는 몸과 말과 마음으로 선행을 쌓아야겠다.'하는 생각이 들지

않았느냐?' 그는 대답한다. '대왕이시여, 할 수 없었습니다. 저는 게을렀습니다.'

비구들이여, 염라대왕은 그에게 말한다. '그대는 게으름 때문에 몸과 말과 마음으로 선행을 쌓지 않았다. 이 악업은 그대 어머니가 지은 것도 아니고 아버지 · 형제 · 자매 · 친구 · 친척 · 신 · 사문 · 바라문이 지은 것도 아니다. 오로지 그대가 지은 이 악업에 대해 그대가 과보를 받아야 한다.'

3 비구들이여, 염라대왕은 첫째 저승사자에 대해 그를 심문하고 추궁하며 물은 뒤, 둘째 저승사자에 대해 그를 심문하고 추궁하며 묻는다. '그대는 사람들 가운데 둘째 저승사자가 나타난 것을 보지 못했는가?' 그는 대답한다. '대왕이시여, 보지 못했습니다.'

비구들이여, 그때 염라대왕은 그에게 묻는다. '그대는 사람 가운데 중병에 걸려 고통에 시달리며 자기 대소변에 드러누워 있고, 남이 일으켜 세우고 앉혀야 하는 남자나 여자를 보지 못했는가?' 그는 대답한다. '대왕이시여, 보았습니다.'

비구들이여, 염라대왕은 그에게 묻는다. '그대는 분별도 있고 나이도 들었는데, '나도 병들 것이고 병듦을 피할 수 없다. 그러니 이제 나는 몸과 말과 마음으로 선행을 쌓아야겠다.' 하는 생각이 들지 않았느냐?' 그는 대답한다. '대왕이시여, 할 수 없었습니다. 저는 게을렀습니다.'

비구들이여, 염라대왕은 그에게 말한다. '그대는 게으름 때문에 몸과 말과 마음으로 선행을 쌓지 않았다. 이 악업은 그대 어머니가 지은 것도 아니고 아버지·형제·자매·친구·친척·신·사문·바라문이 지은 것도 아니다. 오로지 그대가 지은 이 악업에 대해 그대가 과보를 받아야 한다.'

4 비구들이여, 염라대왕은 둘째 저승사자에 대해 그를 심문하고 추궁하며 물은 뒤, 셋째 저승사자에 대해 그를 심문하고 추궁하며 묻는다. '그대는 사람들 가운데 셋째 저승사자가 나타난 것을 보지 못했는가?' 그는 대답한다. '대왕이시여, 보지 못했습니다.'

비구들이여, 그때 염라대왕은 그에게 묻는다. '그대는 사람 가운데 죽은 지 하루나 이틀 또는 사흘이 지나 몸이 부풀고 검푸르게 되고 썩어가는 남자나 여자를 보지 못했는가?' 그는 대답한다. '대왕이시여, 보았습니다.'

비구들이여, 염라대왕은 그에게 묻는다. '그대는 분별도 있고 나이도 들었는데, '나도 죽을 것이고 죽음을 피할 수 없다. 그러니 이제 나는 몸과 말과 마음으로 선행을 쌓아야겠다.' 하는 생각이 들지 않았느냐?' 그는 대답한다. '대왕이시여, 할 수 없었습니다. 저는 게을렀습니다.'

비구들이여, 염라대왕은 그에게 말한다. '그대는 게으름 때문에 몸과 말과 마음으로 선행을 쌓지 않았다. 이 악업은 그대 어머니가 지은 것도 아니고 아버지·형제·자매·친구·친척·신·사문·바라문이 지은 것도 아니다. 오로지 그대가 지은 이 악업에 대해 그대가 과보를 받아야 한다.'

비구들이여, 염라대왕은 세 저승사자에 대해 그를 심문하고 추궁한 뒤 침묵했다.

5 비구들이여, 그러자 옥졸들은 그에게 다섯 가지 붙들어 매는 벌을 준다. 뜨거운 쇠막대로 한쪽 손을 꿰뚫고 다른 손도 꿰뚫고 한쪽 발을 꿰뚫고 다른 발도 꿰뚫고 가슴 가운데를 꿰뚫는다. 그는 괴롭고 쓰리고 아리는 고통을 받아도 악업이 다하기 전에는 죽지도 못한다.

비구들이여, 옥졸들은 그를 눕히고 도끼로 자른다. 그는 괴롭고 쓰리고 아리는 고통을 받아도 악업이 다하기 전에는 죽지도 못한다.

비구들이여, 옥졸들은 그를 발을 위로 머리를 아래로 잡고 큰 칼로 자른다. 그는 괴롭고 쓰리고 아리는 고통을 받아도 악업이 다하기 전에는 죽지도 못한다.

비구들이여, 옥졸들은 그를 마차에 매달아 불꽃이 이글거리며 시뻘겋게 불타는 땅 위를 오가게 한다. 그는 괴롭고 쓰리고 아리는 고통을 받아도 악업이 다하기 전에는 죽지도 못한다.

비구들이여, 옥졸들은 그를 불꽃이 이글거리면서 시뻘겋게 불타는 숯 언덕을 오르내리게 한다. 그는 괴롭고 쓰리고 아리는 고통을 받아도 악업이 다하기 전에는 죽지도 못한다.

비구들이여, 옥졸들은 그를 발을 위로 머리를 아래로 잡고 물이 펄펄 끓어 오르는 뜨거운 쇠솥에 빠뜨린다. 거품이 부글거리면서 한 번은 위로 오르고 한 번은 아래로 내려가고 한 번은 가로지르면서 삶아진다. 그는 괴롭고 쓰리고 아리는 고통을 받아도 악업이 다하기 전에는 죽지도 못한다.

비구들이여, 옥졸들은 그를 큰 지옥에 던져버린다. 그 큰 지옥은

사각으로 되어 있고 네 문이 있고
철로 된 담장이 쳐져 있고 철판으로 덮여있다
철로 된 바닥은 시뻘겋게 달궈지는데
불길이 사방 백 유순을 쉬지 않고 타오른다

6 비구들이여, 오래전 염라대왕은 이렇게 생각했다. '세상에서 나쁜 짓을 한 자는 이처럼 많은 고통을 받는다. 이렇게 오신 분, 거룩한 분, 바르게 완전히 깨달은 분께서 세상에 태어나실 때 내가 인간 세상에 태어나 세존을 섬기고 세존께서 가르침을 베푸시고 나는 세존의 가르침을 밝힐 수 있다면 얼마나 좋을까.'
비구들이여, 나는 다른 사문이나 바라문에게 듣고 이렇게 말하지 않는다. 내가 스스로 이 문제를 알고 내가 스스로 보고 내가 스스로 이해한 뒤에 이렇게 말한다."

7 저승사자가 경고했으나 게으른 자는
오랜 세월 고통받는 낮은 존재의 무리에 태어난다

저승사자에게 경고받은 참사람은
한순간도 거룩한 가르침에 게으르지 않고
태어남과 죽음의 원인인 애착을 두려워하며
애착하지 않고 해탈하여 태어남과 죽음을 부수어버린다

그들은 평온을 얻어 행복하고

지금 여기에서 모든 오염을 버리고 평화로우며

모든 원한과 두려움을 떨치고 모든 괴로움을 넘어섰다

두 바라문 경(Dvebrāhmaṇa Sutta) – 『앙굿따라니까야』(3:51–52)

1 이와 같이 나는 들었습니다. 한때 세존께서 싸왓티의 제타숲 아나타삔디카 사원에 계셨다. 그때 늙고 나이 들고 오래 살고 생의 마지막에 이른 백스물 살이 된 두 바라문이 세존께 찾아갔다. 가서는 세존께 절을 올리고 서로 안부를 묻고 한 곁에 앉았다. 한 곁에 앉은 두 바라문은 세존께 말씀드렸다.

2 "고따마 존자시여, 저희는 늙고 나이 들고 오래 살고 생의 마지막에 이른 백스물 살이 된 바라문입니다. 저희는 아직 덕행을 하지 못했고 선행을 하지 못했고 두려움에서 피할 곳을 마련하지 못했습니다. 고따마 존자께서 저희를 일깨워 주시고 가르쳐주십시오."

3 "바라문들이여, 그대들은 늙고 나이 들고 오래 살고 생의 마지막에 이르러 백스물 살이 되었습니다. 그러나 그대들은 아직 덕행을 하지 못했고 선행을 하지 못했고 두려움에서 피할 곳을 마련하지 못했습니다. 바라문들이여, 이 세상은 늙음과 병듦과 죽음으로 이끌어집니다. 바라문들이여, 이 세상이 늙음과 병듦과 죽음으로 이끌어질 때 몸과 말과 마음을 제어해야 합니다. 그러면 그것이 죽

은 뒤 구원이고 동굴이고 섬이고 피난처고 저 언덕입니다."

4 사람의 생애는 짧은 수명에 이끌려가고
늙음에 이끌어지는 자에게 구원은 없다
죽음에 대한 두려움을 잘 관찰하여
행복을 가져올 공덕을 지어야 한다
이 세상에서 몸과 말과 마음으로 제어하고
살면서 공덕을 지으면
그것이 죽은 뒤 행복을 가져온다

5 "바라문들이여, 늙음과 병듦과 죽음으로 이 세상은 불타고 있습니다. 바라문들이여, 이 세상이 늙음과 병듦과 죽음에 의해 불탈 때 몸과 말과 마음을 제어해야 합니다. 그러면 그것이 죽은 뒤 구원이고 동굴이고 섬이고 피난처이고 저 언덕입니다."

6 집이 불탈 때 가져나온 재물은 사용할 수 있으나
불 속에 타는 재물은 사용할 수 없다

이처럼 자신이 늙음과 죽음으로 불탈 때
보시로써 구원해야 한다
보시가 최고의 구원자이기 때문이다

이 세상에서 몸과 말과 마음으로 제어하고
살면서 공덕을 지으면
그것이 죽은 뒤 행복을 가져온다

사실경(Thāna Sutta) – 『앙굿따라니까야』(5:57)

1 이와 같이 나는 들었습니다. 한때 세존께서 싸왓티에 계셨다. "비구들이여, 다섯 사실에 대해 여자나 남자나 재가자나 출가자나 자주 관찰해야 한다. 무엇이 다섯인가?

2 비구들이여, 여자나 남자나 재가자나 출가자나 '나는 늙어가고 늙음을 피할 수 없다.'고 자주 관찰해야 한다. 여자나 남자나 재가자나 출가자나 '나는 병들어 가고 병듦을 피할 수 없다.'고 자주 관찰해야 한다. 여자나 남자나 재가자나 출가자나 '나는 죽어가고 죽음을 피할 수 없다.'고 자주 관찰해야 한다. 여자나 남자나 재가자나 출가자나 '나는 사랑하고 마음에 드는 것과 헤어져야 한다.'고 자주 관찰해야 한다. 여자나 남자나 재가자나 출가자나 '나는 업을 가진 자이고 업을 받는 자이고 업을 짓는 자이고 업과 함께 하며 업이 만들어지는 곳이다. 선업을 짓거나 악업을 짓거나 그 과보를 모두 내가 받을 것이다.'고 자주 관찰해야 한다.

3 비구들이여, 무슨 이유로 여자나 남자나 재가자나 출가자나 '나는 늙어가고 늙음을 피할 수 없다.'고 자주 관찰해야 하는가? 비구들이여, 젊었을 때는 젊음에 대한 자만심을 가진다. 그래서 젊음에 대한 자만심에 빠져 마음과 말과 행동으로 나쁜 짓을 한다. 그가 이 사실을 자주 관찰하면 젊었을 때 젊음에 대한 자만심은 모두 제거되거나 줄어든다. 비구들이여, 이런 이유로 여자나 남자나 재가자나 출가자나 '나는 늙어가고 늙음을 피할 수 없다.'

고 자주 관찰해야 한다.

4 비구들이여, 무슨 이유로 여자나 남자나 재가자나 출가자나 '나는 병들어 가고 병듦을 피할 수 없다.'고 자주 관찰해야 하는가? 비구들이여, 건강할 때는 건강에 대한 자만심을 가진다. 그래서 건강에 대한 자만심에 빠져 마음과 말과 행동으로 나쁜 짓을 한다. 그가 이 사실을 자주 관찰하면 건강할 때 건강에 대한 자만심은 모두 제거되거나 줄어든다. 비구들이여, 이런 이유로 여자나 남자나 재가자나 출가자나 '나는 병들어 가고 병듦을 피할 수 없다.'고 자주 관찰해야 한다.

5 비구들이여, 무슨 이유로 여자나 남자나 재가자나 출가자나 '나는 죽어가고 죽음을 피할 수 없다.'고 자주 관찰해야 하는가? 비구들이여, 살아있을 때는 삶에 대한 자만심을 가진다. 그래서 삶에 대한 자만심에 빠져 마음과 말과 행동으로 나쁜 짓을 한다. 그가 이 사실을 자주 관찰하면 살아있을 때 삶에 대한 자만심은 모두 제거되거나 줄어든다. 비구들이여, 이런 이유로 여자나 남자나 재가자나 출가자나 '나는 죽어가고 죽음을 피할 수 없다.'고 자주 관찰해야 한다.

6 비구들이여, 무슨 이유로 여자나 남자나 재가자나 출가자나 '나는 사랑하고 마음에 드는 것과 헤어져야 한다.'고 자주 관찰해야 하는가? 비구들이여, 사람들은 자기가 사랑하고 마음에 드는 것에는 탐욕을 가진다. 그래서 탐욕에 빠져 마음과 말과 행동으로 나쁜 짓을 한다. 그가 이 사실을 자주 관찰하면 사랑하고 마음

에 드는 것에 탐욕은 모두 제거되거나 줄어든다. 비구들이여, 이런 이유로 여자나 남자나 재가자나 출가자나 '나는 사랑하고 마음에 드는 것과 헤어져야 한다.'고 자주 관찰해야 한다.

7 비구들이여, 무슨 이유로 여자나 남자나 재가자나 출가자나 '나는 업을 가진 자이고 업을 받는 자이고 업을 짓는 자이고 업과 함께 하며 업이 만들어지는 곳이다. 선업을 짓거나 악업을 짓거나 그 과보를 내가 모두 받을 것이다.'고 자주 관찰해야 하는가? 비구들이여, 사람들은 마음과 말과 행동으로 나쁜 짓을 한다. 그가 이 사실을 자주 관찰하면 나쁜 짓은 모두 제거되거나 줄어든다. 비구들이여, 이런 이유로 여자나 남자나 재가자나 출가자나 '나는 업을 가진 자이고 업을 받는 자이고 업을 짓는 자이고 업과 함께 하며 업이 만들어지는 곳이다. 선업을 짓거나 악업을 짓거나 그 과보를 내가 모두 받을 것이다.'고 자주 관찰해야 한다.

8 비구들이여, 거룩한 제자들은 이렇게 생각한다. '나 혼자만 늙어가고 늙음을 피할 수 없는 것이 아니라, 오고 가고 죽고 태어나는 모든 중생도 늙어가고 늙음을 피할 수 없다.'
'나 혼자만 병들어 가고 병듦을 피할 수 없는 것이 아니라, 오고 가고 죽고 태어나는 모든 중생도 병들어 가고 병듦을 피할 수 없다.'
'나 혼자만 죽어가고 죽음을 피할 수 없는 것이 아니라, 오고 가고 죽고 태어나는 모든 중생도 죽어가고 죽음을 피할 수 없다.'
'나 혼자만 사랑하고 마음에 드는 것과 헤어져야 하는 것이 아니라, 오고 가고 죽고 태어나는 모든 중생도 사랑하고 마음에 드는

것과 헤어지는 것을 피할 수 없다.'

'나 혼자만 업을 가진 자이고 업을 받는 자이고 업을 짓는 자이고 업과 함께 하며 업이 만들어지는 곳이고 선업을 짓거나 악업을 짓거나 그 과보를 모두 받는 것이 아니라, 오고 가고 죽고 태어나는 모든 중생도 업을 가진 자이고 업을 받는 자이고 업을 짓는 자이고 업과 함께 하며 업이 만들어지는 곳이고 선업을 짓거나 악업을 짓거나 그 과보를 모두 받는다.'

이 사실을 자주 관찰할 때 길이 생긴다. 그 길을 받아들여 닦고 익히면 모든 속박이 제거되고 잠재성향이 끊어진다."

9 병들고 늙고 죽기 마련이라는 진리를
어리석은 사람은 싫어한다
내가 이런 본성을 가진 중생들을 싫어한다면
그렇게 존재하는 나에게 옳은 일이 아니다

나는 이렇게 살면서
다시 태어나지 않는 열반의 진리를 알아
젊음과 건강과 삶의 자만심을 버렸다

집착을 버리고 평온을 발견하고
열반을 향해 열심히 정진한다
감각적 욕망을 즐기는 것은 옳지 않으니
맑고 깨끗한 삶을 목표로 하는 나는
물러나지 않으리라

수명경(Āyussā Sutta) – 『앙굿따라니까야』(5:126)

1 이와 같이 나는 들었습니다. 한때 세존께서 싸왓티에 계셨다. "비구들이여, 이런 다섯 이유로 수명이 줄어든다. 무엇이 다섯 인가?

2 비구들이여, 건강에 해로운 일을 하고, 건강에 도움이 되는 일의 한계를 모르고, 음식을 충분히 소화하지 못하고, 계행을 지키지 않고, 나쁜 친구를 사귀는 것이다. 비구들이여 이런 다섯 이유로 수명이 줄어든다.

3 비구들이여, 이런 다섯 이유로 수명이 늘어난다. 무엇이 다섯인가?

4 비구들이여, 건강에 해로운 일을 하지 않고, 건강에 도움이 되는 일의 한계를 알고, 음식을 충분히 소화하고, 계행을 지키고, 좋은 친구를 사귀는 것이다. 비구들이여 이런 다섯 이유로 수명이 늘어난다."

구멍경(Chiggaḷayuga Sutta) – 『쌍윳따니까야』(56:47)

1 이와 같이 나는 들었습니다. 한때 세존께서 웨살리의 마하와나 꾸따가라 강당에 계셨다. 거기서 세존께서 비구들에게 말씀하셨다.

2 "비구들이여, 예를 들어 어떤 사람이 구멍이 하나 뚫린 나무판자를 큰 바다에 던져 넣었는데 거기에 눈먼 거북이가 백 년마다 한 번 물 위로 올라온다 하자. 비구들이여, 어떻게 생각하는가? 백년마다 한번 물 위로 올라오는 눈먼 거북이가 구멍이 하나 뚫린 나무판자에 목을 넣을 수 있겠는가?"

"세존이시여, 참으로 오랜 세월이 지난 후에나 가능할지 모릅니다."

3 "비구들이여, 백 년마다 한번 물 위로 올라오는 눈먼 거북이가 구멍이 하나 뚫린 나무판자에 목을 넣은 것이 어리석은 자가 한번 나쁜 곳에 떨어진 뒤 다시 인간의 몸을 받는 것보다 훨씬 더 빠르다고 나는 말한다. 그것은 무슨 까닭인가?

비구들이여, 나쁜 곳에서는 진리에 따라 살 수 없고 바로 살기 어렵고 착하게 살기 어렵고 공덕을 지을 수 없기 때문이다. 그곳에는 서로서로 잡아먹고 강자가 약자를 먹어치운다. 그것은 무슨 까닭인가?

비구들이여, 그들은 네 가지 거룩한 진리를 보지 못하기 때문이다. 무엇이 넷인가? 괴로움에 관한 거룩한 진리, 괴로움의 일어남에 관한 거룩한 진리, 괴로움의 소멸에 관한 거룩한 진리, 괴로움의 소멸에 이르는 길에 관한 거룩한 진리다.

4 비구들이여, 그러므로 그대들은 '이것이 괴로움이다.'고 철저히 알아야 한다. '이것이 괴로움의 일어남이다.'고 철저히 알아야 한다. '이것이 괴로움의 소멸이다.'고 철저히 알아야 한다. '이것이 괴로움의 소멸에 이르는 길이다.'고 철저히 알아야 한다."

잘 읊은 시의 승리 경(Subhāsitajaya Sutta) – 『쌍윳따니까야』(11:5)

1 이와 같이 나는 들었습니다. 한때 세존께서 싸왓티의 제따숲 아나타삔디까 사원에 계셨다. 그때 세존께서 "비구들이여."하고 비구들을 부르셨다. 비구들은 "세존이시여."하고 대답했다. 세존께서 말씀하셨다.

2 "비구들이여, 옛날에 신들과 아수라들의 전쟁이 있었다. 그때 아수라들의 왕 웨빠찟띠는 신들의 왕 삭까에게 말했다.

'신들의 왕이여, 잘 읊은 시로 승리를 결정합시다.'

신들의 왕 삭까는 대답했다.

'웨빠찟띠여, 잘 읊은 시로 승리를 결정합시다.'

비구들이여, 그러자 그들은 신들과 아수라들을 배심원으로 정했다. '이들이 잘 읊은 시인지 잘못 읊은 시인지를 확인할 것이다.'

3 비구들이여, 그때 아수라들의 왕 웨빠찟띠는 신들의 왕 삭까에게 말했다.

'신들의 왕이여, 시를 읊으시오.'

비구들이여, 이렇게 말하자 신들의 왕 삭까는 아수라들의 왕 웨빠찟띠에게 말했다.

'웨빠찟띠여, 그대가 여기서 연장자입니다. 웨빠찟띠여, 먼저 시를 읊으시오.'

4 비구들이여, 이렇게 말하자 아수라들의 왕 웨빠찟띠는 시를

읊었다.

제어하는 자가 아무도 없으면
어리석은 자는 더욱더 화를 내기 마련
그러므로 현자는 엄하고 혹독한 벌로
어리석은 자를 다스려야 한다

비구들이여, 아수라들의 왕 웨빠찟띠가 시를 읊자 아수라들은 기뻐했고 신들은 침묵했다. 비구들이여, 그때 아수라들의 왕 웨빠찟띠는 신들의 왕 삭까에게 말했다.
'신들의 왕이여, 시를 읊으시오.'
비구들이여, 이렇게 말하자 신들의 왕 삭까는 시를 읊었다.

남이 화내는 것을 알면
마음을 챙겨 고요히 하는 것으로
어리석은 자를 다스려야 한다고
나는 생각한다

비구들이여, 신들의 왕 삭까가 시를 읊자 신들은 기뻐했고 아수라들은 침묵했다. 비구들이여, 그때 신들의 왕 삭까는 아수라들의 왕 웨빠찟띠에게 말했다.
'웨빠찟띠여, 시를 읊으시오.'

5 비구들이여, 이렇게 말하자 아수라들의 왕 웨빠찟띠는 시를 읊었다.

그와 같이 인내하는 것에 대해
나는 이런 허물을 본다
어리석은 자가
'나를 두려워하여 참는다'고 생각하면
어리석은 자는 더욱 날뛴다
황소가 도망치는 사람을 더욱 맹렬히 쫓듯

비구들이여, 아수라들의 왕 웨빠찟띠가 시를 읊자 아수라들은 기뻐했고 신들은 침묵했다. 비구들이여, 그때 아수라들의 왕 웨빠찟띠는 신들의 왕 삭까에게 말했다.
'신들의 왕이여, 시를 읊으시오.'

6 비구들이여, 이렇게 말하자 신들의 왕 삭까는 시를 읊었다.

'나를 두려워하여 참는다'고
그가 생각하든 말든
참사람이 최상의 이익을 얻으려면
인욕보다 더 좋은 것은 없다

힘있는 자가 힘없는 자에 대해서
인내하고 참는 것
그것이 최상의 인욕이라 말하니
힘있는 자는 언제나 참아야 한다

어리석은 자의 힘은

힘없는 자의 힘이니
진리를 수호하는 힘있는 자에게
맞설 자는 없다

화내는 자에게 화를 내면
그 때문에 그는 더욱 악해진다
화내는 자에게 화내지 않는 것이
이기기 어려운 전투에서 승리하는 것이다

남이 화내는 것을 알고
마음을 챙겨 고요함을 유지하면
자신을 위하고 남을 위하고
둘 다의 이익을 가져온다

진리를 모르는 자는
자신과 다른 사람
둘 다 치유하는 이를
어리석은 이라고 생각한다

비구들이여, 신들의 왕 삭까가 시를 읊자 신들은 기뻐했고 아수라들은 침묵했다.

7 비구들이여, 그때 신들과 아수라들로 구성된 배심원들은 말했다.
'아수라들의 왕 웨빠찟띠가 읊은 시는 폭력을 가져오고 무력을 가져와 불화를 일으키고 분쟁을 일으키고 싸움을 일으킵니다. 그러나 신들의 왕 삭까가 읊은 시는 폭력을 가져오지 않고 무력을 가져오지 않아 불화를 일으키지 않고 분쟁을 일으키지 않고 싸움을 일으키지 않습니다. 신들의 왕 삭까가 잘 읊은 시로 승리했습니다.'

비구들이여, 이처럼 신들의 왕 삭까가 잘 읊은 시로 승리했다.

바위에 새김 경(Pāsāṇalekha Sutta) – 『앙굿따라니까야』(3:130)

1 "비구들이여, 세상에는 세 부류의 사람이 있다. 무엇이 셋인가?

바위에 새기는 사람, 땅에 쓰는 사람, 물에 쓰는 사람이다. 비구들이여, 그러면 누가 바위에 새기는 사람인가? 비구들이여, 어떤 사람은 자주 화를 낸다. 그리고 그 화는 오래간다. 비구들이여, 예를 들면 바위에 새긴 것은 바람이나 물에 의해 곧바로 지워지지 않고 오래가는 것과 같다. 비구들이여, 그와 같이 어떤 사람은 자주 화를 낸다. 그리고 그 화는 오래간다. 비구들이여, 이를 일러 바위에 새기는 사람이라 한다.

2 비구들이여, 그러면 누가 땅에 쓰는 사람인가? 비구들이여, 어떤 사람은 자주 화를 낸다. 그러나 그 화는 오래가지 않는다. 비구들이여, 예를 들면 땅에 쓴 것은 바람이나 물에 의해서 곧바로 지

워지고 오래가지 않는 것과 같다. 비구들이여, 그와 같이 어떤 사람은 자주 화를 낸다. 그러나 그 화는 오래가지 않는다. 비구들이여, 이를 일러 땅에 쓰는 사람이라 한다.

3 비구들이여, 그러면 누가 물에 쓰는 사람인가? 비구들이여, 어떤 사람은 격한 말을 듣고 거친 말을 듣고 마음에 들지 않는 말을 들어도 잘 받아들이고 교제하고 화합한다. 비구들이여, 예를 들면 물에 새긴 것은 곧바로 사라져버려 오래가지 않는 것과 같다. 비구들이여, 그와 같이 어떤 사람은 격한 말을 듣고 거친 말을 듣고 마음에 들지 않는 말을 들어도 그것을 잘 받아들이고 교제하고 화합한다. 비구들이여, 이를 일러 물에 쓰는 사람이라 한다.
비구들이여, 세상에는 이런 세 부류의 사람이 있다."

꾸시나라경(Kusināra Sutta) - 『앙굿따라니까야』(10:44)

1 이와 같이 나는 들었습니다. 한때 세존께서 꾸시나라의 발리하라나 숲에 계셨다. 그때 세존께서 "비구들이여."하고 비구들을 부르셨다. 비구들은 "세존이시여."하고 대답했다. 세존께서 이렇게 말씀하셨다.

2 "비구들이여, 비구가 남을 나무라고자 하면 안으로 다섯 가지를 살펴보고, 안으로 다섯 가지를 갖춘 뒤에 남을 나무라야 한다. 안으로 살펴보아야 할 다섯 가지는 무엇인가?

비구들이여, 비구가 남을 나무라고자 하면 '나는 몸의 행실이 맑고 깨끗한가, 아닌가? 나는 흠 없고 허물없는 몸의 행실을 갖췄는가, 아닌가? 이러한 법이 내게 있는가, 없는가?'하고 자신부터 살펴보아야 한다.

비구들이여, 비구가 몸의 행실이 맑고 깨끗하지 못하고, 흠 없고 허물없는 몸의 행실을 갖추지 못하면, 사람들은 '존자부터 먼저 몸에 대해 배우시오.'하고 말한다.

3 비구들이여, 비구가 남을 나무라고자 하면 '나는 말의 행실이 맑고 깨끗한가, 아닌가? 나는 흠 없고 허물없는 말의 행실을 갖췄는가, 아닌가? 이러한 법이 내게 있는가, 없는가?'하고 자신부터 살펴보아야 한다.

비구들이여, 비구가 말의 행실이 맑고 깨끗하지 못하고, 흠 없고 허물없는 말의 행실을 갖추지 못하면, 사람들은 '존자부터 먼저 말에 대해 배우시오.'하고 말한다.

4 비구들이여, 비구가 남을 나무라고자 하면 '나는 동료 비구들에 대해 원한 없는 자애의 마음을 가졌는가, 아닌가? 이러한 법이 내게 있는가, 없는가?'하고 자신부터 살펴보아야 한다.

비구들이여, 비구가 동료 비구들에 대해 원한 없는 자애의 마음을 갖지 못하면, 사람들은 '존자부터 먼저 동료 비구들에 대해 원한 없는 자애의 마음을 가지시오.'하고 말한다.

5 비구들이여, 비구가 남을 나무라고자 하면 '나는 많이 배웠고,

배운 것을 바르게 받아 지니고 배운 것을 잘 정리하는가, 아닌가? 시작도 훌륭하고 중간도 훌륭하고 끝도 훌륭하며 의미와 표현을 갖추어 더할 나위 없이 완전하고 맑고 깨끗하고 거룩한 삶을 드러내는 그러한 가르침들을 많이 배우고 받아 지니고 말로 익숙해지고 마음으로 관찰하고 견해로 잘 꿰뚫는가, 아닌가? 이러한 법이 내게 있는가, 없는가?'하고 자신부터 살펴보아야 한다.

비구들이여, 비구가 많이 배우지 않았고, 배운 것을 바르게 받아 지니지 못하고 배운 것을 잘 정리하지 못하며, 시작도 훌륭하고 중간도 훌륭하고 끝도 훌륭하며 의미와 표현을 갖추어 더할 나위 없이 완전하고 맑고 깨끗하고 거룩한 삶을 드러내는 가르침들을 많이 배우고 받아 지니고 말로써 익숙해지고 마음으로 관찰하고 견해로 잘 꿰뚫지 못하면, 사람들은 '존자부터 먼저 가르침을 배우시오.'하고 말한다.

6   비구들이여, 비구가 남을 나무라고자 하면 '나는 비구와 비구니 계율의 항목과 해설을 상세하게 잘 파악하고 잘 분별하고 잘 활용하고 잘 결정하는가, 아닌가? 이러한 법이 내게 있는가, 없는가?'하고 자신부터 살펴보아야 한다.

비구들이여, 비구가 비구와 비구니 계율의 항목과 해설을 상세하게 잘 파악하지 못하고 잘 분별하지 못하고 잘 활용하지 못하고 잘 결정하지 못하면, 사람들은 '존자부터 먼저 계율을 배우시오.'하고 말한다. 비구들이여, 안으로 살펴보아야 할 다섯 가지는 이와 같다.

7   비구들이여, 그러면 안으로 갖추어야 할 다섯 가지는 무엇인

가? 적당한 때에 말하고 적당하지 않은 때에는 말하지 않고, 사실대로 말하고 사실이 아닌 것을 말하지 않고, 온화하게 말하고 거친 말로 말하지 않고, 상대의 이익을 위해 말하고 이익이 없다면 말하지 않고, 자애로운 마음으로 말하고 안으로 성내어 말하지 않아야 한다.

비구들이여, 비구가 남을 나무라고자 하면 이러한 다섯 가지를 안으로 살펴보고, 이러한 다섯 가지를 안으로 갖춘 뒤에 남을 나무라야 한다."

잘 말한 말 경(Subhāsitavācā Sutta) – 『앙굿따라니까야』(5:198)

1 한때 세존께서 싸왓티에 계셨다.

"비구들이여, 다섯 요소를 갖춘 말은 좋은 말이어서 나쁘게 말한 것이 아니고 잘못이 없어 양식있는 자들에게 비난받지 않는다. 무엇이 다섯인가?

2 비구들이여, 올바른 때에 하는 말, 진실한 말, 온화한 말, 이익을 주는 말, 자애로운 마음으로 하는 말이다. 비구들이여, 이런 다섯 요소를 갖춘 말은 좋은 말이어서 나쁘게 말한 것이 아니고 허물이 없어 양식 있는 자들에게 비난받지 않는다."

가르침을 배움 경(Dhammasavaṇ Sutta) - 『앙굿따라니까야』(5:202)

1 한때 세존께서 싸왓티에 계셨다.

"비구들이여, 가르침을 배움에는 다섯 공덕이 있다. 무엇이 다섯인가?

2 비구들이여, 배우지 못한 것을 배우게 하고, 배운 것을 음미하게 하고, 의심을 없애 주고, 견해를 바로 세우게 하고, 마음을 기쁘게 하는 것이다. 비구들이여, 가르침을 배움에는 이런 다섯 공덕이 있다."

아바야 왕자 경(Abhayarājakumāra Sutta) - 『맛지마니까야』58

1 이와 같이 나는 들었습니다. 한때 세존께서 라자가하의 벨루숲 깔란다까니바빠에 계셨다.

2 그때 아바야 왕자가 니간타 나따뿟따를 만나러 갔다. 가서는 니간타 나따뿟따에게 절을 올리고 한 곁에 앉았다. 니간타 나따뿟따가 한 곁에 앉은 아바야 왕자에게 말했다.

3 "오라, 왕자여. 사문 고따마를 논파하라. 그러면 그대에게 '아바야 왕자가 큰 신통력과 위력을 가진 사문 고따마를 논파했다.' 하는 좋은 명성이 따를 것이다."

"존자여, 그런데 어떻게 제가 큰 신통력과 위력을 가진 사문 고따마를 논파하겠습니까?"

"오라, 왕자여. 그대는 사문 고따마를 만나러 가라. 가서는 사문 고따마에게 이렇게 말하라. '존자여, 여래도 다른 사람에게 사랑스럽지 않고 마음에 들지 않는 말을 하십니까?'

사문 고따마가 이런 질문을 받고 '왕자여, 여래도 다른 사람에게 사랑스럽지 않고 마음에 들지 않는 말을 합니다.'하고 대답하면 그대는 이렇게 말하라. '존자여, 그러면 당신과 일반 사람은 무슨 차이가 있습니까? 일반 사람도 다른 사람들에게 사랑스럽지 않고 마음에 들지 않는 말을 하기 때문입니다.'

사문 고따마가 이런 질문을 받고 '왕자여, 여래는 다른 사람들에게 사랑스럽지 않고 마음에 들지 않는 말을 하지 않습니다.'하고 대답하면 그대는 이렇게 말하라. '존자여, 그러면 당신은 데와닷따에 대해 설명하시기를 '데와닷따는 나쁜 곳에 떨어질 것이다. 데와닷따는 지옥에 떨어질 것이다. 데와닷따는 겁이 다하도록 지옥에 머물 것이다. 데와닷따는 용서받을 수 없다.'고 하십니까? 당신의 말씀 때문에 데와닷따는 화를 내고 불쾌하게 여깁니다.'

왕자여, 사문 고따마가 이런 양극단의 질문을 받으면 그것을 뱉을 수도 없고 삼킬 수도 없을 것이다. 예를 들면 목에 가시가 걸리면 그 사람은 그것을 뱉을 수도 없고 삼킬 수도 없는 것과 같다. 왕자여, 그와 같이 사문 고따마가 이런 양극단의 질문을 받으면 그것을 뱉을 수도 없고 삼킬 수도 없을 것이다."

4 "잘 알겠습니다, 존자여."하고 아바야 왕자는 니간타 나따뿟따에게 대답하고 자리에서 일어나 니간타 나따뿟따에게 절을 올리고 오른쪽으로 돌아 경의를 나타낸 뒤 나와서 세존을 뵈러 갔다. 가서는 세존께 절을 올리고 한 곁에 앉았다. 한 곁에 앉아서 태양을 쳐다보고는 이런 생각을 했다.

"오늘은 세존을 논파할 적당한 때가 아니다. 내일 우리 집에서 세존을 논파해야겠다."

그는 세존께 말씀드렸다.

"세존이시여, 세존께서 내일 다른 세 분과 함께 제 공양을 허락하여 주십시오."

세존께서 침묵으로 허락하셨다.

5 아바야 왕자는 세존께서 침묵으로 허락하신 것을 알고 자리에서 일어나 세존께 절을 올리고 오른쪽으로 돌아 경의를 나타낸 뒤 물러갔다. 세존께서 그 밤이 지나자 오전에 옷매무시를 가다듬고 발우와 가사를 갖추고 아바야 왕자의 집으로 가셨다. 가셔서는 마련된 자리에 앉으셨다. 그러자 아바야 왕자는 세존께 딱딱한 음식과 부드러운 음식 등 맛있는 음식을 손수 대접하고 만족하게 해드렸다. 그때 세존께서 공양을 마치시고 발우에서 손을 떼시자 아바야 왕자는 낮은 자리를 잡아 한 곁에 앉았다. 한 곁에 앉아서 아바야 왕자는 세존께 말씀드렸다.

6 "세존이시여, 여래도 다른 사람들에게 사랑스럽지 않고 마음에 들지 않는 말을 하십니까?"

"왕자여, 거기에 대해서는 하나로 대답할 수 없다."

"세존이시여, 그렇다면 여기에 대해 니간타가 졌습니다."

"왕자여, 그대가 '세존이시여, 그렇다면 여기에 대해 니간타가 졌습니다.'고 말한 것은 무슨 뜻인가?"

"세존이시여, 저는 니간타 나따뿟따를 만나러 갔습니다. 가서는 니간타 나따뿟따에게 절을 올리고 한 곁에 앉았습니다. 니간타 나따뿟따가 한 곁에 앉은 제게 말했습니다. '오라, 왕자여. 사문 고따마를 논파하라. 그러면 그대에게 '아바야 왕자가 큰 신통력과 위력을 가진 사문 고따마를 논파했다.'하는 좋은 명성이 따를 것이다.'

'존자여, 그런데 어떻게 제가 큰 신통력과 위력을 가진 사문 고따마를 논파하겠습니까?'

'오라, 왕자여. 그대는 사문 고따마를 만나러 가라. 가서는 사문 고따마에게 이렇게 말하라. '존자여, 여래도 다른 사람에게 사랑스럽지 않고 마음에 들지 않는 말을 하십니까?'

사문 고따마가 이런 질문을 받고 '왕자여, 여래도 다른 사람들에게 사랑스럽지 않고 마음에 들지 않는 말을 합니다.'고 대답하면 그대는 이렇게 말하라. '존자여, 그러면 당신과 일반 사람은 무슨 차이가 있습니까? 일반 사람도 다른 사람들에게 사랑스럽지 않고 마음에 들지 않는 말을 하기 때문입니다.'

사문 고따마가 이런 질문을 받고 '왕자여, 여래는 다른 사람들에게 사랑스럽지 않고 마음에 들지 않는 말을 하지 않습니다.'고 대답하면 그대는 이렇게 말하라. '존자여, 그러면 왜 당신은 데와닷따에 대해 설명하시기를 '데와닷따는 나쁜 곳에 떨어질 것이다. 데와닷따는 지옥에 떨어질 것이다. 데와닷따는 겁이 다하도록 지옥에 머물 것이다. 데와닷따는 용서받을 수 없다.'고 하십니까? 당신의 말씀 때문에 데와닷따는 화를 내고 불쾌하게 여깁니다.'

왕자여, 사문 고따마가 이런 양극단의 질문을 받으면 그것을 뱉을 수도 없고 삼킬 수도 없을 것이다. 예를 들면 목에 가시가 걸리면 그 사람은 그것을 뱉을 수도 없고 삼킬 수도 없는 것과 같다. 왕자여, 그와 같이 사문 고따마가 이런 양극단의 질문을 받으면 그것을 뱉을 수도 없고 삼킬 수도 없을 것이다.'고 했기 때문입니다."

7 그때 어리고 아무것도 모르고 아직 뒤척이지도 못하고 반듯하게 누워만 있는 갓난애가 아바야 왕자의 무릎에 누워있었다. 그러자 세존께서 아바야 왕자에게 말씀하셨다.

"왕자여, 어떻게 생각하는가? 그대가 소홀하거나 유모가 소홀한 틈을 타서 이 아이가 어떤 나뭇조각이나 조약돌을 입에 삼킨다면 그대는 어떻게 하겠는가?"

"세존이시여, 저는 그것을 끄집어낼 것입니다. 세존이시여, 끄집어내지 못한다면 왼손으로 머리를 잡고서 오른손으로 손가락을 구부려 피가 나더라도 그것을 끄집어낼 것입니다. 왜냐하면 저는 아이에 대한 연민이 있기 때문입니다."

8 "왕자여, 그와 같다. 여래는 그 말이 사실이 아니고 진실이 아니고 이익을 줄 수 없다는 것을 알고, 그 말이 그 사람에게 즐겁지 않고 마음에 들지 않을 때는 여래는 그 말을 하지 않는다.

여래는 그 말이 사실이고 진실이지만 이익을 줄 수 없다는 것을 알고, 그 말이 그 사람에게 즐겁지 않고 마음에 들지 않을 때는 여래는 그 말을 하지 않는다.

여래는 그 말이 사실이고 진실이고 이익을 줄 수 있다고 알지만, 그 말이 그 사람에게 즐겁지 않고 마음에 들지 않을 때는 여래는 그 말을 해줄 바른 때를 기다려 말한다.

여래는 그 말이 사실이 아니고 진실이 아니고 이익을 줄 수 없다고 알면, 비록 그 말이 그 사람에게 즐겁고 마음에 들 때라도 여래는 그 말을 하지 않는다.

여래는 그 말이 사실이고 진실이지만 이익을 줄 수 없다고 알면, 비록 그 말이 그 사람에게 즐겁고 마음에 들 때라도 여래는 그 말을 하지 않는다.

여래는 그 말이 사실이고 진실이고 이익을 줄 수 있다고 알고, 또 그 말이 그 사람에게 즐겁고 마음에 들 때라면 여래는 그 말을 해줄 바른 때를 기다려 말한다.

그것은 무슨 이유인가? 왕자여, 여래는 중생들에게 연민이 있기 때문이다."

9 "세존이시여, 학식 있는 끄샤뜨리야·바라문·장자·사문이 질문을 준비해서 여래를 찾아와 질문합니다. 세존이시여, 세존께서는 '그들이 내게 와서 이렇게 질문을 하면 나는 그들에게 이렇게 설명하리라.'하고 먼저 마음속으로 생각을 해둡니까, 아니면 곧바로 그 대답이 여래께 떠오릅니까?"

10 "왕자여, 그렇다면 이 경우에 대해 내가 도리어 그대에게 물어

보겠다. 그대가 옳다고 여기는 대로 설명하라. 왕자여, 어떻게 생각하는가? 그대는 마차의 여러 부분에 대해 잘 알고 있는가?"

"그렇습니다, 세존이시여. 저는 마차의 여러 부분에 대해 잘 알고 있습니다."

"왕자여, 어떻게 생각하는가? 사람들이 그대에게 와서 묻기를 '마차의 이 부분들은 이름이 무엇입니까?' 한다면 그대는 '그들이 나를 찾아와 이렇게 질문하면 나는 그들에게 이렇게 설명하리라.'하고 먼저 마음속으로 생각을 해두는가, 아니면 곧바로 그 대답이 그대에게 떠오르는가?"

"세존이시여, 저는 마차의 각 부분을 잘 알고 있는 마차 몰이로 잘 알려져 있습니다. 저는 마차의 모든 부분을 잘 알기 때문에 곧바로 그 대답이 제게 떠오릅니다."

11 "왕자여, 그와 같이 학식 있는 끄샤뜨리야·바라문·장자·사문이 질문을 준비해서 여래를 찾아와 질문하면 곧바로 그 대답이 여래에게 떠오른다. 그것은 무슨 이유인가? 왕자여, 여래는 법의 요소를 잘 알기 때문에 곧바로 그 대답이 여래에게 떠오른다."

12 이렇게 말씀하시자 아바야 왕자는 세존께 말씀드렸다.

"훌륭합니다, 세존이시여. 훌륭합니다, 세존이시여. 넘어진 자를 일으켜 세우듯, 가려진 것을 열어 보이듯, 길을 잃은 이에게 길을 가리키듯, '눈이 있는 자는 형상을 보라.'고 어둠 속에서 등불을 비추듯, 세존께서 여러 방편으로 가르침을 주셨습니다. 저는 이제 세존께 귀의하고, 가르침에 귀의하고, 승가에 귀의합니다. 세존께서 저를 재가 신자로 받아주소서. 오늘부터 목숨이 붙어 있는 그 날까지 귀의하겠습니다."

마음에 들고 들지 않음 경(Manāpāmanāpa Sutta) − 『쌍윳따니까야』(37:1−2)

1 이와 같이 나는 들었습니다. 한때 세존께서 싸왓티의 제타숲 아나타삔디카 사원에 계셨다. 세존께서 비구들에게 말씀하셨다.

2 "비구들이여, 다섯 요소를 갖춘 여인은 남자의 마음에 전혀 들지 않는다. 무엇이 다섯인가? 용모가 아름답지 못하고, 재산이 없고, 품행이 나쁘고, 게으르고, 남편을 위해 아이를 낳지 못하는 것이다. 비구들이여, 이런 다섯 요소를 갖춘 여인은 남자의 마음에 전혀 들지 않는다.

3 비구들이여, 다섯 요소를 갖춘 여인은 남자의 마음에 매우 든다. 무엇이 다섯인가? 아름다운 용모를 가지고, 재산이 많고, 품행이 바르고, 부지런하고, 남편을 위해 아이를 낳을 수 있는 것이다. 비구들이여, 이러한 다섯 요소를 갖춘 여인은 남자의 마음에 매우 든다.

4 비구들이여, 다섯 요소를 갖춘 남자는 여인의 마음에 전혀 들지 않는다. 무엇이 다섯인가? 용모가 아름답지 못하고, 재산이 없고, 품행이 나쁘고, 게으르고, 아내를 위해 아이를 낳지 못하는 것

이다. 비구들이여, 이런 다섯 요소를 갖춘 남자는 여인의 마음에 전혀 들지 않는다.

5 비구들이여, 다섯 요소를 갖춘 남자는 여인의 마음에 매우 든다. 무엇이 다섯인가? 아름다운 용모를 가지고, 재산이 많고, 품행이 바르고, 부지런하고, 아내를 위해 아이를 낳을 수 있는 것이다. 비구들이여, 이러한 다섯 요소를 갖춘 남자는 여인의 마음에 매우 든다."

묶음경(Bandhati Sutta) - 『앙굿따라니까야』(8:17-18)

1 한때 세존께서 싸왓티에 계셨다.
"비구들이여, 여자는 여덟 가지로 남자를 묶는다. 무엇이 여덟인가?

2 비구들이여, 여자는 외모로 남자를 묶고, 웃음으로 남자를 묶고, 말로 남자를 묶고, 노래로 남자를 묶고, 눈물로 남자를 묶고, 옷차림으로 남자를 묶고, 꽃과 과일로 남자를 묶고, 감각접촉으로 남자를 묶는다.

3 비구들이여, 남자는 여덟 가지로 여자를 묶는다. 무엇이 여덟인가?

4 비구들이여, 남자는 외모로 여자를 묶고, 웃음으로 여자를 묶

고, 말로 여자를 묶고, 노래로 여자를 묶고, 눈물로 여자를 묶고, 옷차림으로 여자를 묶고, 꽃과 과일로 여자를 묶고, 감각접촉으로 여자를 묶는다."

부모경(Mātāpitu Sutta) – 『앙굿따라니까야』(2:32)

1 이와 같이 나는 들었습니다. 한때 세존께서 싸왓티에 계셨다. "비구들이여, 두 분의 은혜는 갚기 어렵다. 두 분은 어떤 분인가?

2 비구들이여, 어머니와 아버지다. 비구들이여, 한쪽 어깨에 어머니를 태우고 다른 한쪽 어깨에 아버지를 태워 백 년을 살면서, 향료를 바르고 안마해 드리고 목욕시키고 몸을 안마해 드리면서 봉양하고, 대소변을 받아내더라도, 그는 부모님의 은혜를 갚지 못한다.
비구들이여, 어떤 사람이 어머니와 아버지를 칠보가 가득한 큰 대지를 통치하는 최고의 왕위에 모시더라도 어머니와 아버지의 은혜를 갚지 못한다. 무슨 이유 때문인가? 비구들이여, 어머니와 아버지는 참으로 자식들에게 많은 것을 주었나니, 자식들을 낳고 키워주고 먹여주고 이 세상을 가르쳐주었기 때문이다.

3 비구들이여, 어떤 사람은 믿음이 없는 어머니와 아버지에게 믿음을 권하고 믿음을 갖도록 하고 믿음을 확고하게 한다. 계행이 없는 어머니와 아버지에게 계행을 권하고 계행을 갖도록 하고 계

행을 확고하게 한다. 인색한 어머니와 아버지에게 보시를 권하고 보시를 하도록 하고 보시를 확고하게 한다. 지혜가 없는 어머니와 아버지에게 지혜를 권하고 지혜를 갖도록 하고 지혜를 확고하게 한다. 비구들이여, 이것이 참으로 어머니와 아버지의 은혜를 보답하는 일이다."

일곱 부류 아내 경(Sattabhariyā Sutta) – 『앙굿따라니까야』(7:63)

1 이와 같이 나는 들었습니다. 한때 세존께서 싸왓티의 제따숲 아나타삔디까 사원에 계셨다. 세존께서 오전에 옷매무시를 가다듬고 발우와 가사를 갖추고 아나타삔디까 장자의 집으로 가셨다. 가셔서는 마련된 자리에 앉으셨다.

2 그때 아나타삔디까의 집에서 사람들이 큰 소리로 떠들고 있었다. 곧 아나타삔디까가 세존께서 계신 곳에 다가와서 세존께 절을 올린 뒤 한 곁에 앉았다. 세존께서 한 곁에 앉은 아나타삔디까에게 말씀하셨다.
"장자여, 집안에서 사람들이 왜 큰 소리로 떠들고 있는가? 마치 어부가 물고기를 끌어 올리는 것 같구나."
"세존이시여, 제게는 쑤자따라는 며느리가 있는데 부유한 가문에서 시집왔습니다. 그녀는 시어머니도 몰라보고 시아버지도 몰라보고 남편도 몰라보고 세존도 공경하지 않고 존경하지 않습니다."

3 그러자 세존께서 며느리인 쑤자따를 부르셨다.

"쑤자따여, 이리 오너라."

쑤자따는 "예, 세존이시여."하고 대답하고 세존께 다가갔다. 가서는 세존께 절을 올리고 한 곁에 앉았다. 세존께서 한 곁에 앉은 쑤자따에게 말씀하셨다.

"쑤자따여, 사람에게는 일곱 부류의 아내가 있다. 무엇이 일곱인가? 살인자 같은 아내, 도둑 같은 아내, 지배자 같은 아내, 어머니 같은 아내, 누이 같은 아내, 친구 같은 아내, 하녀 같은 아내다. 쑤자따여, 이런 일곱 부류의 아내 가운데 그대는 어떤 부류의 아내인가?"

"세존이시여, 저는 세존께서 간략히 말씀하셔서 자세한 뜻을 모르겠습니다. 세존께서 제가 이해할 수 있도록 자세히 가르쳐주시면 감사하겠습니다."

"쑤자따여, 그렇다면 귀를 기울여 잘 듣고 마음에 새겨라. 내가 말하리라."

쑤자따는 "그렇게 하겠습니다, 세존이시여."하고 세존께 대답했다. 세존께서 말씀하셨다.

4 자비가 없고 마음은 타락하여
　　　다른 남자에 빠져서 남편을 무시하며
　　　재물을 사서 죽이려는 아내를
　　　살인자 같은 아내라고 한다

　　　기술과 장사와 농사를 열심히 하여

남편이 아내를 위해 노력하여 번 재산을
자신을 위해 조금씩 가져가는 아내를
도둑 같은 아내라고 한다

일하려 하지 않고 게으르고 많이 먹고
거칠고 사납고 나쁜 말을 해대고
부지런한 남편을 구박하는 아내를
지배자 같은 아내라고 한다

남편에게 친절하고 이익을 주며
어머니가 자식을 돌보듯 남편을 돌보고
남편이 번 재산을 잘 모아서 지키는 아내를
어머니 같은 아내라고 한다

여동생이 오빠를 대하듯
남편을 공경하며 대하고
남편이 바라는 대로 하는 아내를
누이 같은 아내라고 한다

친구가 멀리서 오면 보고 기뻐하듯
남편을 보고 기뻐하고
고귀한 계행을 지니고 헌신하는 아내를
친구 같은 아내라고 한다

몽둥이도 두려워하지 않고 성내지 않고

마음이 고요하고 깨끗하며
남편의 뜻을 순순히 따르는 아내를
하녀 같은 아내라고 한다

살인자 같은 아내
도둑 같은 아내, 지배자 같은 아내는
계행이 나쁘고 말이 거칠고 존경받지 못하나니
죽은 뒤 나쁜 곳에 태어난다

어머니 같은 아내, 누이 같은 아내
친구 같은 아내, 하녀 같은 아내는
계행을 지키고 몸과 말과 마음을 잘 단속하여
죽은 뒤 좋은 곳에 태어난다

5 "쑤자따여, 이런 일곱 부류의 아내 가운데 그대는 어떤 부류의
아내인가?"
"세존이시여, 오늘부터 저를 남편에게 하녀 같은 아내라고 여겨주
십시오."

마간디야 경(Magandiya Sutta) – 『숫따니빠따』(4:9)

1　마간디야여, 나는
　　애착과 혐오와 탐욕이라는 세 마녀를 보고
　　그녀들과 어울리고 싶다는 욕망이 조금도 일어나지 않았다
　　오줌과 똥으로 가득 찬 그녀들에게 발도 대기 싫었다

2　존자여, 여러 왕들이 원했던
　　여자나 보물을 원하는 것이 아니라면
　　그대는 어떤 견해 · 계율 · 습관 · 생활
　　그리고 어떤 존재로 태어나는 것을 말씀하십니까

3　마간디야여, '나는 이렇게 말한다.'고 할 뿐
　　나에게 가르침에 대한 집착은 없다
　　관찰하면서 한 견해에 집착하지 않고
　　안으로 살피면서 마음의 평안을 알았다

4　존자여, 많은 견해들이 있는데
　　그것들을 인정하지 않고
　　마음의 평안을 말씀하시는데
　　다른 현자들은 그것을 어떻게 말합니까

5　마간디야여, 견해 · 배움 · 계율 · 도덕에 의해
　　맑고 깨끗해진다고 나는 말하지 않는다
　　견해 · 배움 · 계율 · 도덕이 없어도

맑고 깨끗해진다고도 나는 말하지 않는다
그것들을 버리고 고집하지 않고 집착하지 않고
고요하여 존재를 원하지 말아야 한다

6 존자여, 견해 · 배움 · 계율 · 도덕에 의해
맑고 깨끗해진다고 말씀하지 않고
견해 · 배움 · 계율 · 도덕이 없어도
맑고 깨끗해진다고도 말씀하지 않는다면
그것은 사람들을 혼란스럽게 만드는 가르침이라고 생각합니다
어떤 사람들은 견해에 의해
맑고 깨끗해질 수 있다고 생각합니다.

7 마간디야여, 그대가 따르는 교리에 집착하여 묻기 때문에
혼란에 빠진 것이다
그대는 내가 말한 것을 조금도 알아차리지 못했다
그래서 혼란스럽다고 여기는 것이다

8 사람이 '뛰어나다' '동등하다' '뒤떨어진다'고
생각하기 때문에 논쟁에 휘말린다
그러나 이 셋에 대해 흔들리지 않는다면
그에게 '뛰어나다' '동등하다' '뒤떨어진다'는 생각이 없다

9 거룩한 바라문이 무엇 때문에
'진실이다' '거짓이다' 하며 누구와 논쟁하겠는가
'같다' '다르다' 하는 분별이 없다면

누구와 논쟁을 벌이겠는가

10 집을 버리고 거처 없이 돌아다니며
   마을 사람과 사귀지 않는 성인은
   감각적 쾌락을 떠나 미래에 다시 태어나기를 바라지 않으며
   사람들과 논쟁을 벌이지도 않는다

11 수행자는 모든 편견에서 벗어나
   세상을 두루 다니며 수행하기에
   고집을 부리며 논쟁하지 않는다
   연꽃은 물이나 진흙에 더럽혀지지 않듯이
   성인은 평안을 말할 뿐 탐욕이나 감각적 쾌락이나
   세속에도 더럽혀지지 않는다

12 지혜를 갖춘 이는
   견해나 사상에 대해서 자만심을 갖지 않는다
   행위나 학식에 영향을 받지 않고
   견해에 집착하지 않는다

13 여러 생각에서 벗어나면 속박이 없다
   지혜로서 해탈한 이는 어리석음이 없다
   생각과 견해를 고집하는 자는
   남과 충돌하면서 세상을 방황한다

사랑하는 자 경(Piya Sutta) – 『쌍윳따니까야』(3:4)

1 이와 같이 나는 들었습니다. 한때 세존께서 싸왓티의 제따숲 아나타삔디까 사원에 계셨다. 그때 꼬살라국의 빠세나디왕이 세존께 찾아갔다. 가서는 세존과 함께 담소를 나눈 뒤 한 곁에 앉았다. 한 곁에 앉은 빠세나디왕은 세존께 말씀드렸다.

2 "세존이시여, 제가 한적한 곳에서 홀로 앉아있는 중에 문득 이런 생각이 들었습니다. '누가 자신을 사랑하는 사람이며, 누가 자신을 원수처럼 미워하는 사람인가?'
세존이시여, 그런 제게 이런 생각이 일어났습니다. '누구든지 몸으로 나쁜 짓을 하고, 말로 나쁜 짓을 하고, 마음으로 나쁜 짓을 하는 사람은 자신을 미워하는 사람이다. 비록 그가 '나는 나 자신을 사랑한다.'고 하더라도 그는 자신을 미워하는 사람이다. 무슨 이유 때문인가? 그는 미워하는 사람끼리 서로 하는 짓을 자기 자신에게 하기 때문이다. 그러므로 그는 자신을 미워하는 사람이다.

3 누구든지 몸으로 착한 일을 하고, 말로 착한 일을 하고, 마음으로 착한 일을 하는 사람은 자신을 사랑하는 사람이다. 비록 그가 '나는 나 자신을 미워한다.'고 하더라도 그는 자신을 사랑하는 사람이다. 무슨 이유 때문인가? 그는 사랑하는 사람끼리 서로 하는 일을 자기 자신에게 하기 때문이다. 그러므로 그는 자신을 사랑하는 사람이다.'"

4 "참으로 그렇습니다, 대왕이여, 참으로 그렇습니다, 대왕이여. 누구든지 몸으로 나쁜 짓을 하고, 말로 나쁜 짓을 하고, 마음으로 나쁜 짓을 하는 사람은 자신을 미워하는 사람입니다. 비록 그가 '나는 나 자신을 사랑한다.'고 하더라도 그는 자신을 미워하는 사람입니다. 무슨 이유 때문인가요?

그는 미워하는 사람끼리 서로 하는 짓을 자기 자신에게 하기 때문입니다. 그러므로 그는 자신을 미워하는 사람입니다.

누구든지 몸으로 착한 일을 하고, 말로 착한 일을 하고, 마음으로 착한 일을 하는 사람은 자기 자신을 사랑하는 사람입니다. 비록 그가 '나는 나 자신을 미워한다.'고 하더라도 그는 자신을 사랑하는 사람입니다. 무슨 이유 때문인가? 그는 사랑하는 사람끼리 서로 하는 일을 자기 자신에게 하기 때문입니다. 그러므로 그는 자신을 사랑하는 자입니다."

5   자신을 사랑스럽다 여긴다면
    자신을 악으로 묶지 않아야 한다
    나쁜 짓을 거듭거듭 많이 하는 자는
    행복을 얻기가 어렵다

    저승사자에게 잡혀
    인간 세상을 버릴 때
    무엇이 그 자신의 것이며
    무엇을 갖고 가는가?
    그림자가 몸에 붙어 다니듯

무엇이 그를 따라다니는가?

이 세상에서 지은 공덕과 악행
바로 이 두 가지
이것이야말로 그 자신의 것
그는 이것을 갖고 간다
그림자가 몸에 붙어 다니듯
이것이 그를 따라다닌다

미래를 위해
착하고 건전한 일을 쌓아야 한다
공덕이야말로 저세상에서
모든 존재의 의지처다

참사람 경(Sappurisa Sutta) – 『앙굿따라니까야』(4:73)

1 "비구들이여, 네 가지 성품을 갖춘 사람은 참사람이 아닌 사람이라고 알아야 한다. 무엇이 넷인가?
비구들이여, 세상에 참사람이 아닌 사람은 누가 묻지 않아도 남의 단점을 들추어낸다. 하물며 묻는다면 말해 무엇하겠는가? 누가 물으면, 머뭇거리지 않고 빠짐없이 자세하게 남의 단점을 말한다. 비구들이여, 이런 사람이야말로 참사람이 아닌 사람이라고 알아야 한다.

2 비구들이여, 세상에 참사람이 아닌 사람은 누가 물어도 남의 장점을 말하지 않는다. 하물며 묻지 않는다면 말해 무엇하겠는가? 누가 물으면, 머뭇거리고 빠뜨리고 대충대충 남의 장점을 말한다. 비구들이여, 이런 사람이야말로 참사람이 아닌 사람이라고 알아야 한다.

3 비구들이여, 세상에 참사람이 아닌 사람은 누가 물어도 자기 단점을 밝히지 않는다. 하물며 묻지 않는다면 말해 무엇하겠는가? 누군가 물으면, 머뭇거리고 빠뜨리고 대충대충 자기 단점을 말한다. 비구들이여, 이런 사람이야말로 참사람이 아닌 사람이라고 알아야 한다.

4 비구들이여, 세상에 참사람이 아닌 사람은 자신에게 장점이 있다면, 누가 묻지 않아도 그것을 밝힌다. 하물며 묻는다면 말해 무엇하겠는가? 누가 물으면, 빠짐없이 머뭇거리지 않고 아주 자세하게 자기 장점을 말한다. 비구들이여, 이런 사람이야말로 참사람이 아닌 사람이라고 알아야 한다.

5 비구들이여, 네 가지 성품을 갖춘 사람은 참사람이라고 알아야 한다. 넷이란 무엇인가?

6 비구들이여, 세상에 참사람은 남에게 단점이 있다면, 누가 물어도 그것을 밝히지 않는다. 하물며 묻지 않는다면 말해 무엇하겠는가? 누가 물으면, 빠뜨리고 머뭇거리고 불완전하게 대충대충 남의 단점을 말한다. 비구들이여, 이런 사람이야말로 참사람이라고

알아야 한다.

7 또한 비구들이여, 세상에 참사람은 남에게 장점이 있다면, 누가 묻지 않아도 그것을 밝힌다. 하물며 묻는다면 말해 무엇하겠는가? 누가 물으면, 빠짐없이 머뭇거리지 않고 아주 자세하게 남의 장점을 말한다. 비구들이여, 이런 사람이야말로 참사람이라고 알아야 한다.

8 또한 비구들이여, 세상에 참사람은 자신에게 단점이 있다면, 누가 묻지 않아도 그것을 밝힌다. 하물며 묻는다면 말해 무엇하겠는가? 누가 물으면, 빠짐없이 머뭇거리지 않고 아주 자세하게 자기 단점을 말한다. 비구들이여, 이런 사람이야말로 참사람이라고 알아야 한다.

9 또한 비구들이여, 세상에 참사람은 자신에게 장점이 있다면, 누가 물어도 그것을 밝히지 않는다. 하물며 묻지 않는다면 말해 무엇하겠는가? 누가 물으면, 빠뜨리고 머뭇거리고 불완전하게 대충대충 자기 장점을 말한다. 비구들이여, 이런 사람이야말로 참사람이라고 알아야 한다. 비구들이여, 이런 네 가지 성품을 갖춘 사람은 참사람이라고 알아야 한다."

화장터 나무토막 경(Chavālāta Sutta) – 『앙굿따라니까야』(4:95)

1 "비구들이여, 세상에는 네 부류의 사람이 있다. 무엇이 넷인가? 비구들이여, 자기 이익을 위해서도 실천하지 않고 남의 이익을 위해서도 실천하지 않는 사람이 있다. 남의 이익을 위해서는 실천하지만 자기 이익을 위해서는 실천하지 않는 사람이 있다. 자기 이익을 위해서는 실천하지만 남의 이익을 위해서는 실천하지 않는 사람이 있다. 자기 이익을 위해서도 실천하고 남의 이익을 위해서도 실천하는 사람이 있다.

2 비구들이여, 예를 들어 화장터에서 사용된 나무토막은 양 끝은 불타고 중간은 악취가 나서 마을에서도 사용하지 않고 한적한 숲에서도 사용하지 않는다. 비구들이여, 자기 이익을 위해서도 실천하지 않고 남의 이익을 위해서도 실천하지 않는 사람은 이와 같다.

3 비구들이여, 남의 이익을 위해서는 실천하지만 자기 이익을 위해서는 실천하지 않는 사람은 앞의 사람보다 뛰어나고 훌륭하다. 비구들이여, 이 가운데 자기 이익을 위해서는 실천하지만 남의 이익을 위해서는 실천하지 않는 사람은 앞의 두 사람보다 뛰어나고 훌륭하다. 비구들이여, 이 가운데 자기 이익을 위해서도 실천하고 남의 이익을 위해서도 실천하는 사람은 네 사람 가운데 으뜸이고 가장 뛰어나고 가장 훌륭하고 가장 탁월하다.

4 비구들이여, 예를 들면 소에서 우유가 있고, 우유에서 응유가 되고, 응유에서 생요구르트가 되고, 생요구르트에서 숙성요구르트가 되고, 숙성요구르트에서 크림치즈가 만들어지니, 이들 가운데 크림치즈를 가장 훌륭하다고 한다. 비구들이여, 그와 같이 자기 이익을 위해서도 실천하고 남의 이익을 위해서도 실천하는 사람이 네 사람 가운데 으뜸이고 가장 뛰어나고 가장 훌륭하고 가장 탁월하다. 비구들이여, 세상에는 이런 네 부류의 사람이 있다."

천한 재가 신자 경(Upāsakacaṇḍāla Sutta) – 『앙굿따라니까야』(5:175)

1 이와 같이 나는 들었습니다. 한때 세존께서 싸왓티에 계셨다. "비구들이여, 이런 다섯 가지를 갖춘 재가 신자는 천한 재가 신자요, 때 묻은 재가 신자요, 저열한 재가 신자다. 무엇이 다섯인가?

2 비구들이여, 믿음이 없고, 계행이 나쁘고, 미신을 믿고, 요행을 믿어 업을 믿지 않으며, 밖에서 보시받을 사람을 찾아 거기에 보시한다. 비구들이여, 이런 다섯 가지를 갖춘 재가 신자는 천한 재가 신자요, 때 묻은 재가 신자요, 저열한 재가 신자다.

3 비구들이여, 이런 다섯 가지를 갖춘 재가 신자는 보물 같은 재가 신자요, 홍련 같은 재가 신자요, 백련 같은 재가 신자다. 무엇이 다섯인가?

4 비구들이여, 믿음이 있고, 계행을 지키고, 미신을 믿지 않고, 업을 믿고 요행을 믿지 않으며, 밖에서 보시받을 사람을 찾지 않고 여기에 보시한다. 비구들이여, 이런 다섯 가지를 갖춘 재가 신자는 보물 같은 재가 신자요, 홍련 같은 재가 신자요, 백련 같은 재가 신자다."

재가 신자 파멸 경(Upāsakavipatti Sutta) – 『앙굿따라니까야』(7:30)

1 이와 같이 나는 들었습니다. 한때 세존께서 싸왓티에 계셨다. "비구들이여, 재가 신자를 파멸시키는 일곱 가지가 있다. 무엇이 일곱인가?

비구를 찾아뵙기를 게을리하고, 바른 가르침 듣기를 게을리하고, 높은 계행을 배우지 않고, 장로나 중진이나 신참 비구에게 대한 믿음이 없고, 결점을 찾고 비난하는 마음으로 가르침을 듣고, 바깥에서 보시할 사람을 찾고, 바깥에 먼저 보시한다. 비구들이여, 이러한 일곱 가지는 재가 신자를 파멸시킨다.

2 비구들이여, 재가 신도를 번영하게 하는 일곱 가지가 있다. 무엇이 일곱인가?

비구를 찾아뵙기를 게을리하지 않고, 바른 가르침 듣기를 게을리하지 않고, 높은 계행을 배우기를 게을리하지 않고, 장로나 중진이나 신참 비구에게 대한 믿음이 있고, 결점을 찾고 비난하는 마음으로 가르침을 듣지 않고, 바깥에서 보시할 사람을 찾지 않고, 여기에 먼저 보시한다. 비구들이여, 이러한 일곱 가지는 재가 신자를 번영하게 한다."

3 자신을 닦는 님을 찾아뵙기를 게을리하고
거룩한 가르침을 듣지 않고
높은 계행을 배우지 않고
비구들에 대한 불신이 점점 증가하고
비난하는 마음으로 바른 가르침을 들으려 하고
바깥에서 보시할 사람을 찾고
바깥에 먼저 보시하는
이러한 일곱 가지를 하는 재가 신자는
바른 가르침에서 물러난다

자신을 닦는 님을 찾아뵙기를 게을리하지 않고
거룩한 가르침을 듣기를 즐기고
높은 계행을 배우고
비구들에 대한 믿음이 점점 증가하고
비난하지 않는 마음으로 바른 가르침을 들으려 하고
여기에 보시할 사람을 찾고
여기에 먼저 보시하는
이러한 일곱 가지를 하는 재가 신자는
바른 가르침에서 물러나지 않는다

갖춤경(Sampadā Sutta) – 『앙굿따라니까야』(8:76)

1 이와 같이 나는 들었습니다. 한때 세존께서 싸왓티에 계셨다. "비구들이여, 여덟 가지 갖춤이 있다. 무엇이 여덟인가?

2 부지런함을 갖춤, 보호를 갖춤, 좋은 벗을 갖춤, 바른 생계를 갖춤, 믿음을 갖춤, 계행을 갖춤, 보시를 갖춤, 지혜를 갖춤이다.

3 비구들이여, 어떤 것이 부지런함을 갖춤인가? 비구들이여, 여기 훌륭한 가문의 아들은 농사·장사·목축·궁술·왕의 신하·공예와 같은 일을 하면서 생계를 유지하는데, 그는 숙련되고 게으르지 않고 올바른 수단으로 그것을 완수하고 정리한다. 비구들이여, 이를 부지런함을 갖춤이라 한다.

4 비구들이여, 어떤 것이 보호를 갖춤인가? 비구들이여, 여기 훌륭한 가문의 아들은 근면한 노력으로 얻고, 두 팔의 힘으로 모으고, 땀 흘려 벌고, 정당하게 얻은 재물을 '이 재물은 왕도 뺏을 수 없고, 도둑이 훔쳐갈 수 없고, 불이 태울 수 없고, 물이 쓸어갈 수 없고, 미워하는 상속자가 빼앗을 수 없다.'고 생각하며 보호하고 지킨다. 비구들이여, 이를 보호를 갖춤이라 한다.

5 비구들이여, 그러면 어떤 것이 좋은 벗을 갖춤인가? 비구들이여, 여기 훌륭한 가문의 아들은 어떤 마을이나 도시에 살면서, 믿음을 갖추고 계를 갖추고 보시를 갖추고 지혜를 갖춘 장자나 장자의 아들이나 계행이 뛰어난 젊은이나 노인과 함께 사귀고 대화하

고 토론한다. 믿음을 갖춘 이에게 믿음의 갖춤을 배우고, 계행을 갖춘 이에게 계의 갖춤을 배우고, 보시를 갖춘 이에게 보시의 갖춤을 배우고, 지혜를 갖춘 이에게 지혜의 갖춤을 배운다. 비구들이여, 이를 좋은 벗을 갖춤이라 한다.

6 비구들이여, 그러면 어떤 것이 바른 생계를 갖춤인가? 비구들이여, 여기 훌륭한 가문의 아들은 재물의 수입과 지출을 알고, '이렇게 내 수입이 지출보다 많고, 지출이 수입보다 많지는 않을 것이다.'고 생각하고 지나치게 풍족하지도 지나치게 궁핍하지도 않게 바른 생계를 유지한다.

비구들이여, 예를 들면 귀금속 상인이나 그 제자가 저울로 무게를 재면 이만큼 내려갔고 이만큼 올라갔다고 아는 것과 같다. 그와 같이 훌륭한 가문의 아들이 재물의 수입과 지출을 알고, '이렇게 내 수입은 지출보다 많고, 지출이 수입보다 많지는 않을 것이다.'고 생각하고 지나치게 풍족하지도 지나치게 궁핍하지도 않게 바른 생계를 유지한다.

비구들이여, 훌륭한 가문의 아들이 수입은 적은데 사치스런 생활을 한다면, 사람들은 '이 사람은 무화과를 먹듯이 재물을 낭비한다.'고 말한다. 비구들이여, 훌륭한 가문의 아들이 수입이 많은데도 궁핍한 생활을 한다면, 사람들은 '이 사람은 굶어 죽을 거야.'하고 말한다.

비구들이여, 여기 훌륭한 가문의 아들이 재물의 수입과 지출을 알고, '이렇게 내 수입은 지출보다 많고, 지출이 수입보다 많지 않을 것이다.'고 생각하고 지나치게 풍족하지도 지나치게 궁핍하지도 않게 바른 생계를 유지한다. 비구들이여, 이를 바른 생계를 갖춤이라 한다.

7 비구들이여, 그러면 어떤 것이 믿음을 갖춤인가? 비구들이여, 여기 훌륭한 가문의 아들은 믿음을 가져 '세존은 거룩한 분, 바르게 완전히 깨달으신 분, 지혜와 실천을 갖추신 분, 잘 가신 분, 세상 모든 이치를 잘 알고 계신 분, 가장 높으신 분, 인간을 잘 다스리시는 분, 하늘신과 인간의 스승이신 분, 깨달으신 분, 무한한 복덕을 지니신 분이다.'고 여래의 깨달음을 믿는다. 비구들이여, 이를 믿음을 갖춤이라 한다.

8 비구들이여, 그러면 어떤 것이 계행을 갖춤인가? 비구들이여, 여기 훌륭한 가문의 아들은 살아있는 생명을 죽이지 않고, 주지 않은 것을 갖지 않고, 삿된 음행을 하지 않고, 거짓말하지 않고, 정신을 흐리게 하는 술과 중독성 물질을 마시지 않는다. 비구들이여, 이를 계행을 갖춤이라 한다.

9 비구들이여, 그러면 어떤 것이 보시를 갖춤인가? 비구들이여, 여기 훌륭한 가문의 아들은 가정을 이루며 살면서 탐욕의 때를 제거하여 정성껏 보시하고, 아낌없이 보시하고, 주는 것을 좋아하고, 요구에 따르고, 보시하고 나누는 것을 좋아한다. 비구들이여, 이를 보시를 갖춤이라 한다.

10 비구들이여, 그러면 어떤 것이 지혜를 갖춤인가? 비구들이여,

여기 훌륭한 가문의 아들은 현명하여 일어나고 사라짐을 분명히 알고, 거룩하고 통찰력이 있고 바르게 괴로움의 소멸로 이끄는 지혜를 갖추었다. 비구들이여, 이를 지혜를 갖춤이라 한다. 비구들이여, 이런 여덟 가지 갖춤이 있다."

11 해야 할 일들에 부지런하고
게으르지 않고 신중하며
바르게 생계를 유지하고, 모은 재산을 잘 보호하며

믿음과 계행을 갖추고
은혜를 알고 탐욕의 때를 제거하고
언제나 길을 깨끗이 하여 저세상의 행복을 얻는다

진리라는 이름을 가진 님께서
이런 여덟 가지 갖춤은
믿음을 가지고 가정에 사는 이에게
양쪽에서 행복을 가져다준다고 말씀하셨다

이 세상의 안녕을 위하고
저세상의 행복을 위하니
이처럼 보시는
재가자의 공덕을 성장시킨다

다섯 가지 재물의 사용 경(Pañcabhogādiya Sutta) - 『앙굿따라니까야』(5:41)

1 이와 같이 나는 들었습니다. 한때 세존께서 싸왓티의 제따숲 아나타삔디까 사원에 계셨다. 그때 아나타삔디까 장자가 세존께 다가갔다. 가서는 세존께 절을 올린 뒤 한 곁에 앉았다. 세존께서 한 곁에 앉은 아나타삔디까 장자에게 말씀하셨다.

2 "장자여, 다섯 가지 재물의 사용이 있다. 무엇이 다섯인가? 장자여, 여기 거룩한 제자는 근면한 노력으로 얻었고 두 팔의 힘으로 모았고 땀으로 획득했으며 법에 따라 정당하게 얻은 재물로 자신을 즐겁게 하고 기쁘게 하고 바른 행복을 지킨다. 부모를 즐겁게 하고 기쁘게 하고 바른 행복을 지킨다. 자녀와 아내와 일꾼들을 즐겁게 하고 기쁘게 하고 바른 행복을 지킨다. 장자여, 이것이 첫째 재물의 바른 사용이다.

3 다시 장자여, 여기 거룩한 제자는 근면한 노력으로 얻었고 두 팔의 힘으로 모았고 땀으로 획득했으며 법에 따라 정당하게 얻은 재물로 친구와 친척들을 즐겁게 하고 기쁘게 하고 바른 행복을 지킨다. 장자여, 이것이 둘째 재물의 바른 사용이다.

4 다시 장자여, 여기 거룩한 제자는 근면한 노력으로 얻었고 두 팔의 힘으로 모았고 땀으로 획득했으며 법에 따라 정당하게 얻은 재물로 모든 재난 곧 불·물·왕·도둑·적·나쁜 마음을 가진 상속인 등의 여러 재난에서 자신을 보호하고 자신을 안전하게 지킨

다. 장자여, 이것이 셋째 재물의 바른 사용이다.

5 다시 장자여, 여기 거룩한 제자는 근면한 노력으로 얻었고 두 팔의 힘으로 모았고 땀으로 획득했으며 법에 따라 정당하게 얻은 재물로 다섯 헌공을 하니, 그것은 친지에게 하는 헌공, 손님에게 하는 헌공, 조상신에게 하는 헌공, 왕에게 하는 헌공, 신에게 하는 헌공이다. 장자여, 이것이 넷째 재물의 바른 사용이다.

6 다시 장자여, 거룩한 제자는 근면한 노력으로 얻었고 두 팔의 힘으로 모았고 땀으로 획득했으며 법에 따라 정당하게 얻은 재물로 사문과 바라문에게 정성을 다해 보시한다. 그러한 사문과 바라문은 교만과 방일함을 억누르고 인욕과 온화함에 헌신하고 살면서 각자 자신을 길들이고 각자 자신을 제어하고 각자 자신을 완전한 열반에 들게 한다. 이런 사문과 바라문에게 하는 보시는 고귀한 결과를 가져다주고 신성한 결과를 가져다주고 행복을 가져다주고 하늘나라에 태어나게 한다. 장자여, 이것이 다섯째 재물의 바른 사용이다. 장자여, 이런 다섯 가지 재물의 사용이 있다.

7 장자여, 거룩한 제자가 이런 다섯 가지 재물의 사용으로 재산이 줄어들면 그는 '나는 재물을 사용할 곳에 사용하여 내 재산이 줄어들었다.'고 생각한다. 그래서 그는 후회하지 않는다. 장자여, 거룩한 제자가 이런 다섯 가지 재산의 사용으로 재산이 늘어나면 그는 '나는 재물을 사용할 곳에 사용하여 내 재물이 늘어났다.'고 생각한다. 그래서 그는 후회하지 않는다."

8 나는 재물을 바르게 사용했고

의지하는 자들을 부양했으니

잘못된 사용을 하지 않았다

높은 존재에 태어나는 보시를 했고

다섯 헌공을 베풀었다

계행을 갖추고 자제하고

청정한 삶을 사는 님들을 섬겼다

현명한 재가자는 어떤 목적을 위해 재물을 원하니

나는 그 목적을 이루었고 후회 없는 일을 했다

인간은 이러한 것을 기억하면서

거룩한 가르침에 굳게 서니

이 세상에서 사람들이 칭송하고

죽은 뒤에는 하늘나라에서 기뻐하리라

팔관재계경(Uposathaṅga Sutta) – 『앙굿따라니까야』(3:70)

1 이와 같이 나는 들었습니다. 한때 세존께서 싸왓티의 뿝빠라마 미가라마따 강당에 계셨다. 이때 미가라의 어머니 위사카가 포살일에 세존께 찾아갔다. 가서는 세존께 절을 올리고 한 곁에 앉았다. 세존께서 한 곁에 앉은 미가라마따 위사카에게 말씀하셨다.

"위사카여, 이 오후 시간에 어디서 오는 길인가?"

"세존이시여, 오늘은 포살일입니다. 저는 포살을 준수하고 있습니다."

"위사카여, 세 가지 포살이 있다. 어떤 것이 셋인가? 목동의 포살, 니간타의 포살, 성자의 포살이다.

2 위사카여, 그러면 어떤 것이 목동의 포살인가? 위사카여, 예를 들면 소치는 사람은 저녁때에 소들을 주인에게 돌려주고는 이렇게 생각한다. '오늘 소들은 이러이러한 곳을 돌아다니면서 이러이러한 물을 마셨다. 내일은 이러이러한 곳을 돌아다닐 것이고 이러이러한 물을 마실 것이다.' 위사카여, 그와 같이 포살을 준수하는 사람은 이렇게 생각한다. '나는 오늘 이런 단단한 음식을 먹었고 이런 부드러운 음식을 먹었다. 내일 나는 이런 단단한 음식을 먹을 것이고, 이런 부드러운 음식을 먹을 것이다.' 위사카여, 그 사람은 탐욕에 빠진 마음으로 하루를 보낼 것이다.

위사카여, 이것이 목동의 포살이다. 위사카여, 이렇게 보낸 목동의 포살은 큰 결실이 없고, 큰 이익이 없고, 큰 영광이 없고, 크게 과보가 퍼지지 않는다.

3 위사카여, 그러면 어떤 것이 니간타의 포살인가? 위사카여, 니간타라는 수행자들이 있다. 그들은 제자에게 이렇게 권유한다. '오라, 내 동료여. 그대는 동쪽으로 백 유순 밖에 사는 중생에 대해 몽둥이를 내려놓아라. 남쪽으로 백 유순 밖에 사는 중생에 대해 몽둥이를 내려놓아라. 서쪽으로 백 유순 밖에 사는 중생에 대해

몽둥이를 내려놓아라. 북쪽으로 백 유순 밖에 사는 중생에 대해 몽둥이를 내려놓아라.' 이렇게 특정한 중생에 대해 동정과 연민을 베풀지만 나머지 중생에 대해서는 동정과 연민을 베풀지 않는다. 그들은 포살일에 제자들에게 '오라, 내 동료여. 그대는 모든 옷을 벗고 '나는 어디에도 속하지 않고 누구에게도 속하지 않는다. 누구도 나에게 속하지 않고 어떤 것도 나에게 속하지 않는다.'고 말하라.'고 권유한다. 그러나 부모는 '이는 우리 아들이다.'고 알고, 아들도 '이분들은 우리 부모님이다.'고 안다. 아들은 '이분은 우리 아버지다.'고 알고 아내는 '이 사람은 우리 남편이다.'고 안다. 그도 '이는 우리 아들이다.' '이 사람은 우리 아내다.'고 안다. 하인과 일꾼들은 '이분은 우리 주인이다.'고 알고, 그도 '이들은 우리 하인과 일꾼들이다.'고 안다. 위사카여, 이렇게 진실을 권유해야 하는 날에 그들은 거짓을 권유한다. 나는 이것을 거짓이라고 말한다. 그들은 밤이 지나면 실제 그에게 주어진 것이 아닌 의자·자리·죽·음식 등을 사용한다. 나는 이것을 주지 않은 것을 가진다고 말한다.

위사카여, 이것이 니간타의 포살이다. 위사카여, 이런 포살은 큰 결실이 없고, 큰 이익이 없고, 큰 빛이 없고, 크게 과보가 퍼지지 않는다.

4 위사카여, 그러면 어떤 것이 성자의 포살인가? 위사카여, 오염된 마음을 바른 방법으로 정화하는 것이다. 위사카여, 그러면 어떻게 오염된 마음을 바른 방법으로 정화하는가? 위사카여, 여기

거룩한 제자는 이렇게 여래를 계속해서 생각한다. '세존은 거룩한 분, 바르게 완전히 깨달으신 분, 지혜와 실천을 갖추신 분, 잘 가신 분, 세상 모든 이치를 잘 알고 계신 분, 가장 높으신 분, 인간을 잘 다스리시는 분, 하늘신과 인간의 스승이신 분, 깨달으신 분, 무한한 복덕을 지니신 분이다.' 위사카여, 그가 이렇게 여래를 계속해서 생각할 때 마음이 청정해지고 환희가 생기고 마음의 오염이 제거된다.

위사카여, 이는 마치 더러운 머리를 바른 방법으로 깨끗이 씻는 것과 같다. 위사카여, 그러면 어떻게 더러운 머리를 바른 방법으로 깨끗이 씻는가? 위사카여, 가루비누과 찰흙과 물과 사람의 적절한 노력으로 깨끗이 씻는다. 위사카여, 그와 같이 오염된 마음을 바른 방법으로 정화한다.

위사카여, 이런 거룩한 제자는 범천의 포살을 준수하는 자다. 범천과 함께 살고 범천을 계속 생각할 때 마음이 고요해지고 기쁨이 솟아나고 마음의 오염이 제거된다. 위사카여, 이렇게 오염된 마음을 바른 방법으로 정화한다.

5 위사카여, 오염된 마음을 바른 방법으로 정화한다고 했다. 위사카여, 그러면 어떻게 오염된 마음을 바른 방법으로 정화하는가? 위사카여, 여기 거룩한 제자는 다음과 같이 계속해서 가르침을 생각한다. '가르침은 세존에 의해서 잘 설해졌고, 스스로 보아 알 수 있고, 시간이 걸리지 않고, 와서 보라는 것이고, 향상으로 이끌고, 슬기로운 자라면 누구나 알 수 있다.' 위사카여, 그가 이

렇게 가르침을 계속해서 생각할 때 마음이 고요해지고 기쁨이 솟아나고 마음의 오염이 제거된다.

위사카여, 이것은 마치 더러운 몸을 바른 방법으로 깨끗이 씻는 것과 같다. 위사카여, 어떻게 더러운 몸을 깨끗이 씻는가? 속돌과 가루비누와 물과 사람의 적절한 노력으로 깨끗이 씻는다. 위사카여, 이렇게 오염된 몸을 바른 방법으로 깨끗이 씻는다. 위사카여, 그와 같이 오염된 마음을 바른 방법으로 정화한다.

위사카여, 이런 거룩한 제자는 가르침의 포살을 준수하는 자다. 가르침과 함께 살고 가르침을 계속해서 생각할 때 마음이 고요해지고 기쁨이 솟아나고 마음의 오염이 제거된다. 위사카여, 이렇게 오염된 마음을 바른 방법으로 정화한다.

6 위사카여, 오염된 마음을 바른 방법으로 정화한다고 했다. 위사카여, 그러면 어떻게 오염된 마음을 바른 방법으로 정화하는가? 위사카여, 여기 거룩한 제자는 다음과 같이 승가를 계속해서 생각한다. '세존의 승가는 도를 잘 닦고, 바르게 도를 닦고, 참되게 도를 닦고, 조화롭게 도를 닦으니, 곧 네 쌍의 여덟 단계에 계신 분들이시다. 이런 세존의 제자들 모임인 승가는 공양받아 마땅하고, 시중받아 마땅하고, 보시받아 마땅하고, 합장받아 마땅하며, 세상의 더없는 복밭이시다.' 위사카여, 그가 이렇게 승가를 계속해서 생각할 때 마음이 고요해지고 기쁨이 솟아나고 마음의 오염이 제거된다.

위사카여, 이것은 마치 더러운 옷을 바른 방법으로 깨끗이 세탁하는 것과 같다. 위사카여, 어떻게 더러운 옷을 바른 방법으로 깨끗이 세탁하는가? 위사카여, 온수와 양잿물과 소 오줌과 물과 사람의 적절한 노력으로 깨끗이 세탁한다. 위사카여, 이렇게 더러운 옷을 바른 방법으로 깨끗이 세탁한다. 위사카여, 그와 같이 오염된 마음을 바른 방법으로 정화한다.

위사카여, 이 거룩한 제자는 승가의 포살을 준수하는 자다. 승가와 함께 살고 승가를 계속해서 생각할 때 마음이 고요해지고 기쁨이 솟아나고 마음의 오염이 제거된다. 위사카여, 이렇게 오염된 마음을 바른 방법으로 정화한다.

7 위사카여, 오염된 마음을 바른 방법으로 정화한다고 했다. 위사카여, 그러면 어떻게 오염된 마음을 바른 방법으로 정화하는가? 위사카여, 여기 거룩한 제자는 다음과 같이 자신의 계행을 계속해서 생각한다. '내 계행은 파손되지 않았고, 균열되지 않았고, 결점이 없고, 얼룩지지 않고, 자유로워지고, 현자들이 찬탄하고, 비난받지 않고, 마음의 안정으로 이끈다.' 위사카여, 그가 이렇게 자신의 계행을 계속해서 생각할 때 마음이 고요해지고 기쁨이 솟아나고 마음의 오염이 제거된다.

위사카여, 이는 마치 뿌연 거울을 바른 방법으로 깨끗이 하는 것과 같다. 위사카여, 그러면 어떻게 뿌연 거울을 바른 방법으로 깨끗이 하는가? 위사카여, 기름과 재와 말 털로 만든 솔과 사람의 적절한 노력으로 깨끗이 씻는다. 위사카여, 이렇게 뿌연 거울을 바른 방법으로 깨끗이 한다. 위사카여, 그와 같이 오염된 마음을 바른 방법으로 정화한다.

위사카여, 이런 거룩한 제자는 계의 포살을 준수하는 자다. 계와 함께 살고 계를 계속해서 생각할 때 마음이 고요해지고 기쁨이 솟아나고 마음의 오염이 제거된다. 위사카여, 이렇게 오염된 마음을 바른 방법으로 정화한다.

8 위사카여, 오염된 마음을 바른 방법으로 정화한다고 했다. 위사카여, 그러면 어떻게 오염된 마음을 바른 방법으로 정화하는가? 위사카여, 여기 거룩한 제자는 다음과 같이 하늘신을 계속해서 생각한다. '사대왕천의 신들이 있고, 삼십삼천의 신들이 있고, 야마천의 신들이 있고, 도솔천의 신들이 있고, 화락천의 신들이 있고, 타화자재천의 신들이 있고, 범천의 신들이 있고, 그보다 높은 하늘신들이 있다. 이런 신들은 믿음을 갖추어 여기서 죽은 뒤 그곳에 태어났다. 나에게도 그런 믿음이 있다. 이런 신들은 계행을 갖추어 여기서 죽은 뒤 그곳에 태어났다. 나에게도 그런 계행이 있다. 이런 신들은 배움을 갖추어 여기서 죽은 뒤 그곳에 태어났다. 나에게도 그런 배움이 있다. 이런 신들은 보시를 갖추어 여기서 죽은 뒤 그곳에 태어났다. 나에게도 그런 보시가 있다. 이런 신들은 지혜를 갖추어 여기서 죽은 뒤 그곳에 태어났다. 나에게도 그런 지혜가 있다.' 그가 이렇게 자신과 신들의 믿음·계행·배움·보시·지혜를 계속해서 생각하면 마음이 고요해지고 기쁨이 솟아나고 마음의 오염이 제거된다.

위사카여, 이것은 마치 변색된 금을 바른 방법으로 정제하는 것과 같다. 위사카여, 그러면 어떻게 변색된 금을 바른 방법으로 정제하는가? 화로와 소금과 붉은 흙과 집게와 사람의 적절한 노력으로 정제한다. 위사카여, 이렇게 변색된 금을 바른 방법으로 정제한다. 위사카여, 그와 같이 오염된 마음을 바른 방법으로 정화한다. 위사카여, 이런 거룩한 제자는 하늘신의 포살을 준수하는 자다. 하늘신과 함께 살고 하늘신을 계속해서 생각할 때 마음이 고요해지고 기쁨이 솟아나고 마음의 오염이 제거된다. 위사카여, 이렇게 오염된 마음을 바른 방법으로 정화한다.

9 위사카여, 여기 거룩한 제자는 이렇게 생각한다. '거룩한 분은 살아있는 동안, 살아있는 생명을 해치는 행위를 버리고 생명을 해치는 행위를 삼가고 몽둥이를 내려놓고 칼을 내려놓고 부끄러움을 알고 자비심을 일으키고 모든 생명을 이롭게 하고 연민한다. 나도 오늘 이 낮과 밤이 다 가도록 생명을 해치는 행위를 버리고 생명을 해치는 행위를 삼가고 몽둥이를 내려놓고 칼을 내려놓고 부끄러움을 알고 자비심을 일으키고 모든 생명을 이롭게 하고 연민하리라. 이런 성품으로 나는 거룩한 분을 본받으며 포살을 지키리라.

10 거룩한 분은 살아있는 동안, 주지 않은 것을 갖는 행위를 버리고 주지 않은 것을 갖는 행위를 삼가고 준 것을 갖고 주는 것만을 받으려 하고 훔치지 않고 청정한 마음을 가진다. 나도 오늘 이 낮과 밤이 다 가도록 주지 않은 것을 갖는 행위를 버리고 주지 않은 것을 갖는 행위를 삼가고 준 것을 갖고 주는 것만을 받으려 하고 훔치지 않고 청정한 마음을 가지리라. 이런 성품으로 나는 거룩한

분을 본받으며 포살을 지키리라.

11 거룩한 분은 살아있는 동안, 금욕적인 삶을 살고 순결한 삶을 살고 독신자가 되어 천박한 성적접촉을 삼간다. 나도 오늘 이 낮과 밤이 다 가도록 금욕적인 삶을 살고 순결한 삶을 살고 독신자가 되어 천박한 성적접촉을 삼가리라. 이런 성품으로 나는 거룩한 분을 본받으며 포살을 지키리라.

12 거룩한 분은 살아있는 동안, 거짓말을 버리고 거짓말을 삼가고 진실을 말하고, 사실이고 신뢰할 수 있고 세상을 속이지 않는 말을 한다. 나도 오늘 이 낮과 밤이 다 가도록 거짓말을 버리고 거짓말을 삼가고, 진실을 말하고, 사실이고 신뢰할 수 있고 세상을 속이지 않는 말을 하리라. 이런 성품으로 나는 거룩한 분을 본받으며 포살을 지키리라.

13 거룩한 분은 살아있는 동안, 정신을 흐리게 하는 술과 중독성 물질을 마시지 않고, 술과 중독성 물질을 멀리한다. 나도 오늘 이 낮과 밤이 다 가도록 정신을 흐리게 하는 술과 중독성 물질을 마시지 않고, 술과 중독성 물질을 멀리하리라. 이런 성품으로 나는 거룩한 분을 본받으며 포살을 지키리라.

14 거룩한 분은 살아있는 동안, 하루 한 끼만 먹고 저녁은 먹지 않고 때아닌 때에 먹지 않는다. 나도 오늘 이 낮과 밤이 다 가도록 하루 한 끼만 먹고 저녁은 먹지 않고 때아닌 때에 먹지 않으리라. 이런 성품으로 나는 거룩한 분을 본받으며 포살을 지키리라.

15 거룩한 분은 살아있는 동안, 춤·노래·음악·연극을 관람하지 않고 꽃을 두르지 않고 향과 화장품을 바르지 않고 장신구로 꾸미지 않는다. 나도 오늘 이 낮과 밤이 다 가도록 춤·노래·음악·연극을 관람하지 않고 꽃을 두르지 않고 향과 화장품을 바르지 않고 장신구로 꾸미지 않으리라. 이런 성품으로 나는 거룩한 분을 본받으며 포살을 지키리라.

16 거룩한 분은 살아있는 동안, 높고 큰 침대를 버리고 낮고 작은 침대나 풀로 엮은 자리에서 잠을 잔다. 나도 오늘 이 낮과 밤이 다 가도록 높고 큰 침대를 버리고 낮고 작은 침대나 풀로 엮은 자리에서 잠을 자리라. 이런 성품으로 나는 거룩한 분을 본받으며 포살을 지키리라.' 위사카여, 이것이 성자의 포살이다. 위사카여, 이런 성자의 포살을 지키면 큰 결실이 있고, 큰 이익이 있고, 큰 영광이 있고, 크게 과보가 퍼진다."

17 생명을 해치지 않고, 주어지지 않은 것을 갖지 않고
거짓말을 하지 않고, 술을 마시지 않고
삿된 음행과 성적접촉을 하지 않고
저녁과 때아닌 때에 먹지 않고

꽃을 두르지 않고 향을 뿌리지 않고
낮은 침대나 풀로 엮은 자리에서 잠자야 한다
이것이 괴로움을 끝내신 부처님께서 말씀하신
포살일에 지켜야 하는 계행이다

해와 달은 두루 밝게 비추고
궤도를 따라 멀리 비춘다
어둠을 몰아내고 허공을 달리며
모든 방향을 비추며 하늘에서 빛난다

세상에는 보배가 있으니
진주 · 수정 · 녹주석 · 행운의 청금석 ·
금괴 · 번쩍이는 금 · 순금 · 금가루

이런 보배도
여덟 계행을 갖춘 포살에 비해
십육 분의 일에도 미치지 못하니
별들의 무리가
밝은 달에 비해 십육 분의 일에도 미치지 못함과 같다

계행을 가진 남자나 여자가
여덟 계행의 포살을 지키면
행복을 가져올 공덕을 쌓아
비난받지 않고 하늘나라에 태어난다

싱갈라교계경(Siṅgālovāda Sutta) – 『디가니까야』 31

1 이와 같이 나는 들었습니다. 한때 세존께서 라자가하의 벨루숲 깔란다까니바빠에 머무셨다. 그 무렵 싱갈라 장자의 아들은 아침 일찍 일어나 라자가하를 나와 옷과 머리를 적시고 합장하여 동 · 남 · 서 · 북 · 아래 · 위 각 방향으로 절을 했다.

2 그때 세존께서 오전에 옷매무시를 가다듬고 발우와 가사를 갖추고 걸식을 위해 라자가하로 들어가셨다. 세존께서 장자의 아들 싱갈라가 아침 일찍 일어나 라자가하를 나와 옷과 머리를 적시고 합장하여 동 · 남 · 서 · 북 · 아래 · 위 각 방향으로 절하는 것을 보셨다. 보시고는 장자의 아들 싱갈라에게 말씀하셨다.
"장자의 아들이여, 그대는 왜 아침 일찍 일어나 라자가하를 나와 옷과 머리를 적시고 합장하여 동 · 남 · 서 · 북 · 아래 · 위 각 방향으로 절을 하는가?"
"세존이시여, 제 부친께서 돌아가시면서 말씀하시기를 '얘야, 각 방향을 향해 절해야 한다.'고 하셨습니다. 세존이시여, 그래서 부친의 유언을 존경하고 공경하여 아침 일찍 일어나 라자가하를 나와 옷과 머리를 적시고 합장하여 동 · 남 · 서 · 북 · 아래 · 위 각 방향으로 절을 합니다."

3 "장자의 아들이여, 거룩한 가르침에서는 그렇게 여섯 방향으로 절을 해서는 안 된다."
"세존이시여, 그러면 거룩한 가르침에서는 어떻게 여섯 방향으로 절을 해야 합니까? 거룩한 가르침에서는 어떻게 여섯 방향으로 절을 해야 하는지 제게 말씀을 해주시면 감사하겠습니다."

"장자의 아들이여, 그렇다면 잘 듣고 마음에 새겨라, 그대를 위해 말하리라."

장자의 아들 싱갈라는 "그렇게 하겠습니다, 세존이시여."하고 세존께 대답했다.

4 "장자의 아들이여, 거룩한 제자는 네 가지 더러운 행위를 제거하고 네 가지 나쁜 업을 짓지 않으며 여섯 가지 재산을 잃게 하는 원인을 멀리한다. 그는 이런 열네 가지 나쁜 짓을 멀리하고 여섯 방향을 보호하여 이 세상과 저세상에서 만족한다. 그는 죽은 뒤 좋은 곳 하늘나라에 태어난다.

5 그러면 무엇이 네 가지 더러운 행위를 제거하는 것인가? 장자의 아들이여, 살아있는 생명을 죽이는 것이 더러운 행위고, 주지 않는 것을 갖는 것이 더러운 행위고, 삿된 음행을 하는 것이 더러운 행위고, 거짓말을 하는 것이 더러운 행위다. 이런 네 가지 더러운 행위를 제거한다는 것이다."

6 세존께서 이렇게 말씀하셨다. 잘 가신 님께서는 이렇게 말씀하신 뒤 시를 읊으셨다.

살아있는 생명을 죽이고
주지 않는 것을 갖고
거짓말을 하고 남의 아내를 범하는 것을

현자는 칭찬하지 않는다

7 "어떻게 네 가지 나쁜 업을 짓지 않는가? 탐욕 때문에 하지 않아야 할 짓을 하면서 나쁜 업을 짓고, 성냄 때문에 하지 않아야 할 짓을 하면서 나쁜 업을 짓고, 어리석음 때문에 하지 않아야 할 짓을 하면서 나쁜 업을 짓고, 두려움 때문에 하지 않아야 할 짓을 하면서 나쁜 업을 짓는다. 장자의 아들이여, 거룩한 제자는 탐욕 때문에 하지 않아야 할 짓을 하지 않고, 성냄 때문에 하지 않아야 할 짓을 하지 않고, 어리석음 때문에 하지 않아야 할 짓을 하지 않고, 두려움 때문에 하지 않아야 할 짓을 하지 않는다. 이렇게 네 가지 나쁜 업을 짓지 않는다."

8 세존께서 이렇게 말씀하셨다. 갈 가신 분께서 이렇게 말씀하신 뒤 시를 읊으셨다.

　탐욕 · 성냄 · 어리석음 · 두려움 때문에
　법을 파괴하는 자는
　그의 명성이 떨어지니
　이는 마치 이지러지는 시기의 달과 같다

　탐욕 · 성냄 · 어리석음 · 두려움 때문에
　법을 파괴하지 않는 자는
　그의 명성이 차오르니
　이는 마치 차오르는 시기의 달과 같다

9 "그러면 어떤 것이 재물을 잃는 여섯 원인인가? 장자의 아들이여, 정신을 흐리게 하는 술과 중독성 물질을 마시는 것이 재산을 잃는 원인이다. 때아닌 때에 길거리를 배회하는 것이 재산을 잃는 원인이다. 구경거리를 보러 다니는 것이 재산을 잃는 원인이다. 방일의 근본이 되는 노름에 미치는 것이 재산을 잃는 원인이다. 나쁜 친구를 사귀는 것이 재산을 잃는 원인이다. 게으름에 빠지는 것이 재산을 잃는 원인이다.

10 장자의 아들이여, 정신을 흐리게 하는 술과 중독성 물질을 마시는 자에게 여섯 위험이 있다. 지금 여기에서 재산을 잃고, 분쟁을 일으키며, 병이 생기고, 나쁜 명성을 얻고, 은밀한 곳을 드러내고, 지혜를 잃는다. 장자의 아들이여, 정신을 흐리게 하는 술과 중독성 물질을 마시는 자에게 이런 여섯 위험이 있다.

11 장자의 아들이여, 때아닌 때에 길거리를 배회하는 자에게 여섯 위험이 있다. 자기 자신을 지키지 못하고 보호하지 못하고, 자식과 아내도 지키지 못하고 보호하지 못하고, 재산을 지키지 못하고 보호하지 못하고, 남이 저지른 범죄행위를 자신이 저지른 것으로 의심받고, 헛소문이 퍼지고, 많은 괴로움이 그 앞에 놓인다. 장자의 아들이여, 때아닌 때에 길거리를 배회하는 자에게 이런 여섯 위험이 있다.

12 장자의 아들이여, 구경거리를 보러 다니는 자에게 여섯 위험이 있다. '어디서 춤추나, 어디서 노래하나, 어디서 연주하나, 어디서

낭송하나, 어디서 박수 치나, 어디서 북 치나?'하고 찾아다녀 다른 일을 소홀히 한다. 장자의 아들이여, 구경거리를 보러 다니는 자에게 이런 여섯 위험이 있다.

13 장자의 아들이여, 방일의 근본이 되는 노름에 미친 자에게 여섯 위험이 있다. 이기면 원한이 따르고, 지면 남에게 잃은 물건에 대해 한탄하고, 재산이 없어지고, 모임에서 하는 말에 신빙성이 없어지고, 친구와 동료들에게 멸시를 받고, '이 사람은 노름꾼이니 아내를 부양하기에 적당하지 않아.' 하면서 아무도 결혼 상대로 원하지 않는다. 장자의 아들이여, 방일의 근본이 되는 노름에 미친 자에게 이런 여섯 위험이 있다.

14 장자의 아들이여, 나쁜 친구를 사귀는 자에게 여섯 위험이 있다. 노름꾼·방탕한 자·술꾼·사기꾼·협잡꾼·싸움꾼이 그의 친구와 동료가 된다. 장자의 아들이여, 나쁜 친구를 사귀는 자에게 이런 여섯 위험이 있다.

15 장자의 아들이여, 게으름에 빠진 자에게는 여섯 위험이 있다. 너무 춥다고 일하지 않고, 너무 덥다고 일하지 않고, 너무 이르다고 일하지 않고, 너무 늦었다고 일하지 않고, 너무 배고프다고 일하지 않고, 너무 배부르다고 일하지 않는다. 그가 이렇게 해야 할 일에 대해 핑곗거리를 많이 갖고 사는 동안 벌어야 할 재산은 벌지 못하며, 번 재산은 다 써 버리게 된다. 장자의 아들이여, 게으름에 빠진 자에게는 이런 여섯 위험이 있다."

16 세존께서 이렇게 말씀하셨다. 잘 가신 님께서는 이렇게 말씀하신 뒤 시를 읊으셨다.

술친구가 있지만
'친구여, 친구여'하고 말만 할 뿐이다
필요할 때 동료가 되어주는 자
그가 진정한 친구다

해가 떠도 잠자는 것, 남의 아내를 범하는 것
화를 잘 내는 것, 손해를 끼치는 것
나쁜 친구를 사귀는 것, 인색한 것
이런 여섯 경우는 사람을 파멸시킨다

나쁜 친구, 나쁜 동료
나쁜 배경을 가진 자는
이 세상과 저세상
두 곳에서 파멸한다

노름과 여자, 술, 춤과 노래
낮에 자고 때아닌 때에 돌아다니는 것
나쁜 친구를 사귀는 것, 인색한 것
이런 여섯 경우는 사람을 파멸시킨다

노름하고 술 마시고
남에게 목숨과 같은 여자를 범하고

저열한 자를 섬기고 존경스러운 이를 섬기지 않는 자는
이지러지는 시기의 달과 같이 파멸한다

술꾼이 재산도 없고 무일푼인데
목마른 자가 물 마시듯 술만 마셔대면
물에 던진 돌덩이처럼 빚 속에 가라앉아
곧바로 자기 가문조차 사라지게 만든다

낮에 자는 버릇을 가진 자
밤에 돌아다니는 버릇을 가진 자
항상 술에 취해 있는 자는
가정을 가져 머물 수 없다

너무 춥다 너무 덥다
너무 이르다 하면서
일을 내팽개쳐 버리면
젊었을 때 기회를 놓친다

여기 이 세상에서 춥고 더움을
마른 풀보다 하찮은 것으로 여겨
사람으로서 해야 할 일을 하면
그는 행복을 잃지 않는다

17 "장자의 아들이여, 다음 넷은 친구가 아니면서 친구인 척하는
자라고 알아야 한다. 아무것도 가져오지 않았으면서도 분명히 가

져왔다고 하는 자는 친구가 아니면서 친구인 척하는 자라고 알아야 한다. 말만 앞세우는 자는 친구가 아니면서 친구인 척하는 자라고 알아야 한다. 듣기 좋은 말만 하는 자는 친구가 아니면서 친구인 척하는 자라고 알아야 한다. 나쁜 짓에 동료가 되는 자는 친구가 아니면서 친구인 척하는 자라고 알아야 한다.

18 장자의 아들이여, 다음 네 경우를 통해서 아무것도 가져오지 않았으면서도 분명히 가져왔다고 하는 자는 친구가 아니면서 친구인 척하는 자라고 알아야 한다. 가져가기만 하고, 적게 주고 많은 것을 원하고, 위험이 닥쳐야 일을 해주고, 자기 이익만 챙긴다. 장자의 아들이여, 이런 네 경우를 통해서 아무것도 가져오지 않았으면서도 분명히 가져왔다고 하는 자는 친구가 아니면서 친구인 척하는 자라고 알아야 한다.

19 장자의 아들이여, 다음 네 경우를 통해서 말만 앞세우는 자는 친구가 아니면서 친구인 척하는 자라고 알아야 한다. 지난 일로 칭찬하고, 아직 하지 않은 일로 칭찬하고, 번드르한 말로 칭찬하고, 일이 생겼을 때는 도와줄 수 없다고 한다. 장자의 아들이여, 이런 네 경우를 통해서 말만 앞세우는 자는 친구가 아니면서 친구인 척하는 자라고 알아야 한다.

20 장자의 아들이여, 다음 네 경우를 통해서 듣기 좋은 말만 하는 자는 친구가 아니면서 친구인 척하는 자라고 알아야 한다. 나쁜 일에는 동의하고, 좋은 일에는 동의하지 않으며, 눈앞에서는 칭송

하고, 등 뒤에서는 비난한다. 장자의 아들이여, 이런 네 경우를 통해서 듣기 좋은 말만 하는 자는 친구가 아니면서 친구인 척하는 자라고 알아야 한다.

21 장자의 아들이여, 다음 네 경우를 통해서 나쁜 짓에 동료가 되는 자는 친구가 아니면서 친구인 척하는 자라고 알아야 한다. 방일하는 근본이 되는 술과 중독성 물질을 마실 때 동료가 되고, 때아닌 때에 길거리를 배회할 때 동료가 되고, 구경거리를 보러 다닐 때 동료가 되고, 방일의 근본이 되는 노름을 할 때 동료가 된다. 장자의 아들이여, 이런 네 경우를 통해서 나쁜 짓에 동료가 되는 자는 친구가 아니면서 친구인 척하는 자라고 알아야 한다."

22 세존께서 이렇게 말씀하셨다. 잘 가신 님께서 이렇게 말씀하신 뒤 시를 읊으셨다.

> 가져오지 않았으면서도 분명히 가져왔다고 하는 친구
> 말만 앞세우는 친구
> 듣기 좋은 말만 하는 친구
> 나쁜 짓에 동료가 되는 친구
> 이들 넷은 친구가 아니라고 잘 알고서
> 지혜로운 이는 두려운 길을 피하듯
> 그들을 멀리 피해야 한다

23 "장자의 아들이여, 다음 넷은 친구로서 마음을 나누는 친구라고 알아야 한다. 도움을 주는 친구, 즐거우나 괴로우나 한결같은

친구, 바른 것을 조언해 주는 친구, 연민하는 친구는 마음을 나누는 친구라고 알아야 한다."

24 장자의 아들이여, 다음 네 경우를 통해서 도움을 주는 친구는 마음을 나누는 친구라고 알아야 한다. 취해 있을 때 보호해 주고, 취한 자의 소지품을 보호해 주고, 두려울 때 의지처가 되어 주고, 요청할 때 두 배로 필요한 물품을 보태어준다. 장자의 아들이여, 이런 네 경우를 통해서 도움을 주는 친구는 마음을 나누는 친구라고 알아야 한다.

25 장자의 아들이여, 다음 네 경우를 통해서 즐거우나 괴로우나 한결같은 친구는 마음을 나누는 친구라고 알아야 한다. 비밀을 털어놓고, 비밀을 지켜주고, 재난을 당했을 때 떠나지 않고, 목숨까지도 그를 위해서 버린다. 장자의 아들이여, 이런 네 경우를 통해서 즐거우나 괴로우나 한결같은 친구는 마음을 나누는 친구라고 알아야 한다.

26 장자의 아들이여, 다음 네 경우를 통해서 바른 것을 조언하는 친구는 마음을 나누는 친구라고 알아야 한다. 나쁘지 않게 하고, 착하게 하고, 배우지 못한 것을 배우게 하고, 하늘나라의 길을 가르쳐준다. 장자의 아들이여, 이런 네 경우를 통해서 바른 것을 조언해 주는 친구는 마음을 나누는 친구라고 알아야 한다.

27 장자의 아들이여, 다음 네 경우를 통해서 연민하는 친구는 마음을 나누는 친구라고 알아야 한다. 친구의 불행에 대해서 기뻐하

지 않고, 친구의 행운에 대해서 기뻐하며, 친구에 대해서 비난하는 자를 멀리하고, 친구에 대해서 칭송하는 자를 가까이한다. 장자의 아들이여, 이런 네 경우를 통해서 연민하는 친구는 마음을 나누는 친구라고 알아야 한다."

28 세존께서 이렇게 말씀하셨다. 잘 가신 님께서 이렇게 말씀하신 뒤 시를 읊으셨다.

도움을 주는 친구, 즐거우나 괴로우나 한결같은 친구
바른 것을 조언해 주는 친구, 연민하는 친구

이러한 네 친구가 있다고 잘 알고서
현자는 성실하게 그들을 섬겨야 하나니
마치 어머니가 친자식에게 하듯이
계행을 갖춘 현자는
타오르는 불꽃처럼 빛난다

벌이 꿀을 모으듯
부지런히 재물을 모으면
개미집이 쌓아 올려지듯
재물이 쌓아 올려진다

이렇게 재물을 모은 뒤
재가자는 자신의 가문을 부양하고
네 등분으로 재물을 나누어서

친구를 돕고 관계를 유지한다

한 몫으로는 생계를 누리고
두 몫으로는 사업에 쓰고
남은 한 몫은 저축해야 하니
재난의 시기에 대처하기 위해서다

29 "장자의 아들이여, 거룩한 제자는 어떻게 여섯 방향을 수호하는가? 장자의 아들이여, 여섯 방향을 이렇게 알아야 한다. 동쪽은 부모, 남쪽은 스승, 서쪽은 자식과 아내, 북쪽은 친구, 아래는 하인과 고용인, 위는 사문과 바라문이라고 알아야 한다.

30 장자의 아들이여, 자녀는 다음 다섯 경우로 동쪽인 부모를 섬겨야 한다. 부모님은 나를 키워주셨으니 부모님을 봉양하고, 주어진 의무를 다하고, 가문의 전통을 이어가고, 상속인으로 부모의 가르침대로 실천하고, 부모가 돌아가시면 그분들을 위해서 보시한다. 장자의 아들이여, 자녀는 이렇게 동쪽인 부모를 섬긴다.
그러면 부모는 다음 다섯 경우로 자녀를 사랑으로 돌본다. 나쁜 짓을 삼가도록 하고, 좋은 일을 하도록 하고, 교육을 받고 기술을 배우게 하고, 어울리는 배필과 맺어주고, 적당한 때 유산을 물려준다.
장자의 아들이여, 이렇게 각각 다섯 경우로 자녀는 부모를 섬기고 부모는 자녀를 사랑으로 돌본다. 이렇게 해서 동쪽은 수호되고 안전하고 편안하게 된다.

31 장자의 아들이여, 제자는 다음 다섯 경우로 남쪽인 스승을 섬겨야 한다. 일어나서 맞이하고, 미리 가서 기다리며, 열심히 배우려 하고, 공손하게 시중들고, 성실하게 기술을 익힌다. 장자의 아들이여, 제자는 이렇게 남쪽인 스승을 섬긴다.

그러면 스승은 다음 다섯 경우로 제자를 사랑으로 돌본다. 가르쳐야 할 것을 철저히 가르치고, 이해했는지 확인하고, 모든 분야의 학문과 기술을 교육하고, 친구와 동료에게 제자를 추천하고, 어디서나 안전하게 보호해 준다.

장자의 아들이여, 이렇게 각각 다섯 경우로 제자는 스승을 섬기고 스승은 제자를 사랑으로 돌본다. 이렇게 해서 남쪽은 수호되고 안전하고 편안하게 된다.

32 장자의 아들이여, 남편은 다음 다섯 경우로 서쪽인 아내를 섬겨야 한다. 아내를 존중하고, 부드럽게 말하고, 바람피우지 않고, 권한을 넘겨주고, 옷과 장신구를 사준다. 장자의 아들이여, 남편은 이렇게 서쪽인 아내를 섬긴다.

그러면 아내는 다음 다섯 경우로 남편을 사랑으로 돌본다. 맡은 일을 잘 해내고, 친척들을 모두 환대하고, 바람피우지 않고, 남편이 벌어온 재물을 잘 관리하고, 모든 일을 처리함에 근면하고 능숙하게 해야 한다.

장자의 아들이여, 이렇게 각각 다섯 경우로 남편은 아내를 섬기고 아내는 남편을 사랑으로 돌본다. 이렇게 해서 서쪽은 수호되고 안전하고 편안하게 된다.

33 장자의 아들이여, 훌륭한 가문의 아들은 다음 다섯 경우로 북쪽인 친구와 동료를 섬겨야 한다. 관대하게 베풀고, 친절하게 말하고, 그들에게 이익이 되도록 하고, 자기 자신에게 하듯 대접하고, 약속을 어기지 않는다. 장자의 아들이여, 훌륭한 가문의 아들은 이렇게 북쪽인 친구와 동료를 섬긴다.

그러면 친구와 동료는 다음 다섯 경우로 훌륭한 가문의 아들을 사랑으로 돌본다. 취해 있을 때 보살펴 주고, 취해 있을 때 소지품을 지켜주고, 고난에 처했을 때 의지처가 되어 주고, 재난을 당했을 때 떠나지 않고, 그의 가족까지 관심을 가지고 돌본다.

장자의 아들이여, 이렇게 각각 다섯 경우로 훌륭한 가문의 아들은 친구와 동료를 섬기고 친구와 동료는 훌륭한 가문의 아들을 사랑으로 돌본다. 이렇게 해서 북쪽은 수호되고 안전하고 편안하게 된다.

34 장자의 아들이여, 주인은 다음 다섯 경우로 아래쪽인 하인과 고용인을 섬겨야 한다. 힘에 맞게 일거리를 배당해 주고, 음식과 급료를 지급하고, 병이 들면 치료해 주고, 특별히 맛있는 것을 같이 나누고, 적당한 때에 쉬게 한다. 장자의 아들이여, 주인은 이렇게 아래쪽인 하인과 고용인을 섬긴다.

그러면 하인과 고용인은 다음 다섯 경우로 주인을 사랑으로 돌본다. 먼저 일어나고, 나중에 잠자고, 주어진 것에 만족하고, 주어진 일을 잘 처리하고, 주인에 대한 명성과 칭송을 이야기한다.

장자의 아들이여, 이렇게 각각 다섯 경우로 주인은 하인과 고용인을 섬기고 하인과 고용인은 주인을 사랑으로 돌본다. 이렇게 해서 아래쪽은 수호되고 안전하고 편안하게 된다.

35 장자의 아들이여, 훌륭한 가문의 아들은 다음 다섯 경우로 위쪽인 사문과 바라문을 섬겨야 한다. 자애로운 행동으로 대하고, 자애로운 말로 대하고, 자애로운 마음으로 대하고, 그를 위해 대문을 항상 열어두고, 필요한 것을 공급한다. 장자의 아들이여, 훌륭한 가문의 아들은 이렇게 위쪽인 사문과 바라문을 섬긴다.

그러면 사문과 바라문은 다음 다섯 경우로 훌륭한 가문의 아들을 사랑으로 돌본다. 나쁜 짓을 삼가게 하고, 좋은 일을 하게 하고, 자애롭게 돌보며, 배우지 못한 것을 가르쳐 주고 배운 것을 분명하게 해주고, 하늘나라로 가는 길을 알려준다.

장자의 아들이여, 이렇게 각각 다섯 경우로 훌륭한 가문의 아들은 사문과 바라문을 섬기고 사문과 바라문은 훌륭한 가문의 아들을 사랑으로 돌본다. 이렇게 해서 위쪽은 수호되고 안전하고 편안하게 된다."

36 세존께서 이렇게 말씀하셨다. 잘 가신 분께서 이렇게 말씀하신 뒤 시를 읊으셨다.

부모는 동쪽이고
스승은 남쪽이고
자식과 아내는 서쪽이고
친구와 동료는 북쪽이고

하인과 고용인은 아래쪽이고
사문과 바라문은 위쪽이다
훌륭한 가문의 아들이라면
이런 방향으로 예배해야 한다

현명하고 계행을 갖추고
온유하고 재치있고
겸손하고 유연한
이런 자는 명성을 얻는다

일찍 일어나고 게으르지 않고
재난을 당했을 때 흔들리지 않으며
허물이 없고 슬기로운
이런 자는 명성을 얻는다

친절히 대하고 친구가 되어주고
관대하고 인색하지 않으며
이끌고 안내하고 화해시키는
이런 자는 명성을 얻는다

보시하고 사랑스런 말을 하고
세상에 이익을 베풀며 살고
모든 것을 자신처럼 대하고
어디서든 가치 있는 일을 한다
수레바퀴의 축과 같이

이런 것들이 세상을 돌아가게 한다

이런 것들이 없다면
어머니도 아버지도
자식으로부터
존경과 예배를 받지 못한다

현자는 이런 것들을
올바로 관찰하기에
위대하고 칭송을 얻는다

37 이렇게 말씀하시자 장자의 아들 싱갈라는 세존께 말씀드렸다. "훌륭합니다, 세존이시여. 훌륭합니다, 세존이시여. 넘어진 자를 일으켜 세우듯, 가려진 것을 열어 보이듯, 길 잃은 이에게 길을 가리키듯, '눈이 있는 자는 형상을 보라.'고 어둠 속에서 등불을 비추듯, 세존께서 여러 방편으로 가르침을 주셨습니다. 저는 이제 세존께 귀의하고, 가르침에 귀의하고, 승가에 귀의합니다. 세존께서 저를 재가 신자로 받아주소서. 오늘부터 목숨이 붙어 있는 그 날까지 귀의하겠습니다."

병경(Gilāna Sutta) – 『쌍윳따니까야』(47:9)

1 이와 같이 나는 들었습니다. 한때 세존께서 웨살리의 벨루와가 마까 마을에 계셨다. 그때 세존께서 비구들을 불러서 말씀하셨다.

2 "비구들이여, 이제 그대들은 도반이나 아는 사람이나 후원자를 따라서 웨살리 주변으로 흩어져서 안거하라. 나는 여기 벨루와 마을에서 안거할 것이다."
비구들은 "그렇게 하겠습니다, 세존이시여."하고 세존께 응답한 뒤 도반이나 아는 사람이나 후원자를 따라서 웨살리 주변으로 흩어져서 안거했다. 세존께서 벨루와 마을에서 안거하셨다.

3 세존께서 안거하시는 도중에 심한 병에 걸려서 죽음에 다다르는 극심한 고통이 생겼다. 세존께서 마음을 챙기고 분명히 알아차리면서 흔들리지 않고 이겨내셨다. 그때 세존께 이런 생각이 드셨다. '내가 신도들에게 아무 말도 하지 않고, 비구 승가에게도 알리지도 않고 완전한 열반에 드는 것은 어울리지 않는다. 그러니 나는 이 병을 정진으로 다스리고 생명을 유지하여 머무르리라.'

4 세존께서 병을 정진으로 다스리고 생명을 유지하여 머무셨다. 그리하여 세존께서 병을 가라앉히셨다. 세존께서 병이 나으신 지 얼마 되지 않아서 간병실에서 나와 승원 그늘에 앉아계셨다. 그러자 아난다 존자는 세존께 다가가서 절을 올리고 한 곁에 앉았다. 한 곁에 앉은 아난다 존자는 세존께 말씀드렸다.

5 "세존이시여, 세존께서 견디어내셨으니 더없이 기쁩니다. 세존께서 회복하셨으니 더없이 기쁩니다. 세존이시여, 세존께서 아프셨을 때 제 몸은 마비된 듯했고, 분별력을 잃어버렸고, 어떠한 가르침도 분명하지 않았습니다. 그래도 '세존께서 비구 승가를 두고 아무 말씀도 없으신 채로 완전한 열반에 들지는 않으실 것이다.' 생각하고 어느 정도 안심했습니다."

6 "아난다여, 비구 승가는 나에게 무엇을 더 바라는가? 아난다여, 나는 안과 밖의 차별 없이 가르침을 말했다. 아난다여, 여래의 가르침에는 스승의 주먹과 같은 것이 따로 없다. 아난다여, 어떤 사람이 '나는 비구 승가를 거느린다.' '비구 승가는 내 지시를 받는다.' 생각한다면 그는 곧바로 비구 승가에 대해 무엇인가를 말할 것이다. 아난다여, 그러나 여래에게는 '나는 비구 승가를 거느린다.' '비구 승가는 내 지도를 받는다.'하는 생각이 없다. 그러므로 여래가 비구 승가에 대해서 무엇을 말한단 말인가?

아난다여, 나는 이제 늙고 나이 먹고 해가 갈수록 쇠약해지고 노인이 되어 내 나이 여든이 되었다. 아난다여, 마치 낡은 수레가 가죽끈에 묶여서 겨우 움직이는 것처럼 여래의 몸도 가죽끈에 묶여서 겨우 살아가고 있다. 아난다여, 여래가 모든 형상을 마음에 새기지 않고 세속적 느낌을 소멸하여 형상을 떠난 마음의 안정에 들어 머물 때 여래의 몸은 더욱 편안해진다.

7 그러므로 아난다여, 자신을 섬으로 삼고 자신을 귀의처로 삼아 머물고 남을 귀의처로 삼아 머물지 말고, 가르침을 섬으로 삼

고 가르침을 귀의처로 삼아 머물고 다른 것을 귀의처로 삼아 머물지 말라.

8 아난다여, 그러면 어떻게 비구는 자신을 섬으로 삼고 자신을 귀의처로 삼아 머물고 남을 귀의처로 삼아 머물지 않으며, 가르침을 섬으로 삼고 가르침을 귀의처로 삼아 머물고 다른 것을 귀의처로 삼아 머물지 않는가?

아난다여, 여기 비구는 열심히 노력하고 분명히 알아차리고 마음을 챙기면서 세상의 탐욕과 근심을 제거하며 몸에서 몸을 관찰하며 머문다. 열심히 노력하고 분명히 알아차리고 마음을 챙기면서 세상의 탐욕과 근심을 제거하며 느낌에서 느낌을 관찰하며 머문다. 열심히 노력하고 분명히 알아차리고 마음을 챙기면서 세상의 탐욕과 근심을 제거하며 마음에서 마음을 관찰하며 머문다. 열심히 노력하고 분명히 알아차리고 마음을 챙기면서 세상의 탐욕과 근심을 제거하며 법에서 법을 관찰하며 머문다.

아난다여, 비구는 자신을 섬으로 삼고 자신을 귀의처로 삼아 머물고 남을 귀의처로 삼아 머물지 않고, 가르침을 섬으로 삼고 가르침을 귀의처로 삼아 머물고 다른 것을 귀의처로 삼아 머물지 않는다.

9 아난다여, 지금이나 내가 죽고 난 뒤에 자신을 섬으로 삼고 자신을 귀의처로 삼아 머물고 남을 귀의처로 삼아 머물지 않으며, 가르침을 섬으로 삼고 가르침을 귀의처로 삼아 머물고 다른 것을 귀의처로 삼아 머물지 않으면서 열심히 정진하는 비구는 최고 중

의 최고가 될 것이다."

행복한 하룻밤 경(Bhaddekaratta Sutta) – 『맛지마니까야』131

1   이와 같이 나는 들었습니다. 한때 세존께서 싸왓티의 제따숲 아나타삔디까 사원에 계셨다. 그때 세존께서 "비구들이여"하고 비구들을 부르셨다. 비구들은 "세존이시여"하고 대답했다. 세존 께서 말씀하셨다.

2   "비구들이여, 행복한 하룻밤에 대한 요약과 분석을 그대들에게 말하리라. 그것을 잘 듣고 마음에 새겨라. 이제 말하리라."
비구들은 "그렇게 하겠습니다, 세존이시여."하고 세존께 대답했 다. 세존께서 말씀하셨다.

3   과거를 돌아보지 말고
미래를 바라지 말라
과거는 이미 지나갔고
미래는 아직 오지 않았다

지금 일어나는 현상을 매 순간 관찰하라
사로잡히지 않고 흔들림 없이
그것을 알아차리며 수행하라

오늘 해야 할 일에 열중하라

내일 죽을지 누가 알겠는가
죽음의 무리와 더불어 타협할 수 없다
밤낮으로 부지런히 정진하는 자를
행복한 하룻밤을 보내는 고요한 성자라 한다

4 비구들이여, 어떻게 과거를 돌아보는가? '나는 과거에 이런 물질을 가졌다.' 하면서 즐거워한다. '나는 과거에 이런 느낌을 가졌다.' 하면서 즐거워한다. '나는 과거에 이런 지각을 가졌다.' 하면서 즐거워한다. '나는 과거에 이런 의지를 가졌다.' 하면서 즐거워한다. '나는 과거에 이런 의식을 가졌다.' 하면서 즐거워한다. 비구들이여, 이렇게 과거를 돌아본다.

5 비구들이여, 어떻게 과거를 돌아보지 않는가? '나는 과거에 이런 물질을 가졌다.' 하면서 즐거워하지 않는다. '나는 과거에 이런 느낌을 가졌다.' 하면서 즐거워하지 않는다. '나는 과거에 이런 지각을 가졌다.' 하면서 즐거워하지 않는다. '나는 과거에 이런 의지를 가졌다.' 하면서 즐거워하지 않는다. '나는 과거에 이런 의식을 가졌다.' 하면서 즐거워하지 않는다. 비구들이여, 이렇게 과거를 돌아보지 않는다.

6 비구들이여, 어떻게 미래를 바라는가? '나는 미래에 이런 물질을 가질 것이다.' 하면서 즐거워한다. '나는 미래에 이런 느낌을 가질 것이다.' 하면서 즐거워한다. '나는 미래에 이런 지각을 가질 것이다.' 하면서 즐거워한다. '나는 미래에 이런 의지를 가질 것이

다.' 하면서 즐거워한다. '나는 미래에 이런 의식을 가질 것이다.' 하면서 즐거워한다. 비구들이여, 이렇게 미래를 바란다.

7 비구들이여, 어떻게 미래를 바라지 않는가? '나는 미래에 이런 물질을 가질 것이다.' 하면서 즐거워하지 않는다. '나는 미래에 이런 느낌을 가질 것이다.' 하면서 즐거워하지 않는다. '나는 미래에 이런 지각을 가질 것이다.' 하면서 즐거워하지 않는다. '나는 미래에 이런 의지를 가질 것이다.' 하면서 즐거워하지 않는다. '나는 미래에 이런 의식을 가질 것이다.' 하면서 즐거워하지 않는다. 비구들이여, 이렇게 미래를 바라지 않는다.

8 비구들이여, 어떻게 현재 일어나는 현상들에 사로잡히는가? 비구들이여, 여기 배우지 못한 사람은 고귀한 님을 존중하지 않고, 고귀한 님의 가르침을 알지 못하고, 고귀한 님의 가르침에 이끌리지 못하고, 참사람을 존중하지 않고, 참사람의 가르침을 알지 못하고, 참사람의 가르침에 이끌리지 못한다. 그는 물질을 자아라 하고 물질을 가진 것을 자아라 하고, 자아 안에 물질이 있다고 하고 물질 안에 자아가 있다고 한다. 느낌을 자아라 하고 느낌을 가진 것을 자아라 하고, 자아 안에 느낌이 있다고 하고 느낌 안에 자아가 있다고 한다. 지각을 자아라 하고 지각을 가진 것을 자아라 하고, 자아 안에 지각이 있다고 하고 지각 안에 자아가 있다고 한다. 의지를 자아라 하고 의지를 가진 것을 자아라 하고, 자아 안에 의지가 있다고 하고 의지 안에 자아가 있다고 한다. 의식을 자아라 하고 의식을 가진 것을 자아라 하고, 자아 안에 의식이 있다고

하고 의식 안에 자아가 있다고 한다. 비구들이여, 이렇게 현재 일어나는 현상들에 사로잡힌다.

9 비구들이여, 어떻게 현재 일어나는 현상들에 사로잡히지 않는가? 비구들이여, 여기 잘 배운 거룩한 제자는 고귀한 님을 존중하고, 고귀한 님의 가르침을 알고, 고귀한 님의 가르침에 이끌리고, 참사람을 존중하고, 참사람의 가르침을 알고, 참사람의 가르침에 이끌린다. 그는 물질을 자아라 하지 않고 물질을 가진 것을 자아라 하지 않고, 자아 안에 물질이 있다고 하지 않고 물질 안에 자아가 있다고 하지 않는다. 느낌을 자아라 하지 않고 느낌을 가진 것을 자아라 하지 않고, 자아 안에 느낌이 있다고 하지 않고 느낌 안에 자아가 있다고 하지 않는다. 지각을 자아라 하지 않고 지각을 가진 것을 자아라 하지 않고, 자아 안에 지각이 있다고 하지 않고 지각 안에 자아가 있다고 하지 않는다. 의지를 자아라 하지 않고 의지를 가진 것을 자아라 하지 않고, 자아 안에 의지가 있다고 하지 않고 의지 안에 자아가 있다고 하지 않는다. 의식을 자아라 하지 않고 의식을 가진 것을 자아라 하지 않고, 자아 안에 의식이 있다고 하지 않고 의식 안에 자아가 있다고 하지 않는다. 비구들이여, 이렇게 현재 일어나는 현상들에 사로잡지 않는다.

10 과거를 돌아보지 말고
　　미래를 바라지 말라
　　과거는 이미 지나갔고
　　미래는 아직 오지 않았다

지금 일어나는 현상을 매 순간 관찰하라

사로잡히지 않고 흔들림 없이

그것을 알아차리며 수행하라

오늘 해야 할 일에 열중하라

내일 죽을지 누가 알겠는가

죽음의 무리와 더불어 타협할 수 없다

밤낮으로 부지런히 정진하는 자를

행복한 하룻밤을 보내는 고요한 성자라 한다

11 비구들이여, 내가 '행복한 하룻밤에 대한 요약과 분석을 그대들에게 말하리라.'고 한 것은 이를 두고 한 말이다."

이렇게 세존께서 말씀하시자 비구들은 세존께서 하신 말씀에 크게 만족하며 기뻐했다.

행복한 삶을 위한

부처님 말씀 1

인 쇄 불기 2566년(서기 2022년) 5월 27일
발 행 불기 2566년(서기 2022년) 5월 31일

엮 은 이 이철헌
펴 낸 이 윤선경
펴 낸 곳 도서출판 오색필통
주   소 서울시 중구 필동로 42-1 2층 (필동2가, 상원빌딩)
대표전화 02-2264-3334

ISBN 979-11-973843-6-3

값 9,000원

* 법보시를 원하는 분은 출판사로 연락주십시오. 할인혜택을 드립니다.